William MacDonald

Der Himmel redet

Wenn Bibelworte praktisch werden

Bibelzitate nach der Revidierten Elberfelder Übersetzung,
R. Brockhaus Verlag, Wuppertal und Zürich.

MacDonald, William
Der Himmel redet
Wenn Bibelworte praktisch werden

ISBN 3-89436-431-9

Die amerikanische Originalausgabe ist erschienen unter dem Titel:
»God still speaks«

Übersetzung: Gabriele Singer
Satz: Print Eisenherz GmbH, Berlin
Umschlaggestaltung: Sven Gerhardt, Bad Endbach
Druck: Oldenbourg, Monheim

Inhalt

Gott spricht noch

Die Art und Weise, wie Gott zu seinem Volk spricht, ist faszinierend und vielfältig. Er hat sich selbst nicht ohne Zeugnis gelassen, noch hat er der Menschheit eine stichhaltige Ausrede geliefert, ihn nicht kennen zu können.

Er spricht durch *seinen Sohn.* In der Vergangenheit offenbarte er sich stückweise durch die Propheten, aber nun hat er eine endgültige und vollständige Offenbarung seiner selbst durch Christus gegeben (Hebr 1,1-2). Jesus hat den Vater vollständig kundgemacht (Joh 1,18).

Gottes Stimme kann durch *sein Wort, die Bibel,* vernommen werden. In diesem inspirierten und irrtumslosen Buch hat er uns alles gegeben, was wir zum Leben und zur Gottseligkeit brauchen (2Petr 1,3). David sagt in den Psalmen: *»Du hast dein Wort groß gemacht über deinen ganzen Namen«* (Ps 138,2). Dies sagt aus, dass Gott sein lebendiges und geschriebenes Wort über alle anderen Offenbarungen seiner selbst gestellt hat.

Er spricht durch die *Schöpfung: »Die Himmel erzählen die Herrlichkeit Gottes, und das Himmelsgewölbe verkündet seiner Hände Werk. Ein Tag sprudelt dem anderen Kunde zu, und eine Nacht meldet der anderen Kenntnis – ohne Rede und ohne Worte, mit unhörbarer Stimme. Ihr Schall geht aus über die ganze Erde und bis an das Ende der Welt ihre Sprache«* (Ps 19,1-4).

Der Herr spricht durch das *Gewissen.* Dieser angeborene Sensor ermöglicht es Menschen, zwischen Gut und Böse zu unterscheiden. In Sprüche 20,27 wird das Gewissen als *»Geist des Menschen«*

bezeichnet: *»Der Geist des Menschen ist eine Leuchte des HERRN, durchforscht alle Kammern des Leibes.«*

Der Apostel Paulus beschreibt es als Instanz, die dem Menschen Zeugnis gibt:

»... und ihre Gedanken sich untereinander anklagen oder auch entschuldigen« (Röm 2,15).

Gott spricht durch den *Heiligen Geist.* Der Heilige Geist spricht vor allem durch das Wort Gottes, aber er kann auch ebenso unseren Geist, unsere Gefühle und den Verstand lenken und so seinen Willen offenbaren (Apg 16,6-7).

Gott gebraucht oft *andere Menschen,* um uns eine Botschaft zu sagen. Er spricht durch gottesfürchtige Prediger und Älteste. Er kann auch unerrettete Menschen gebrauchen, auch wenn das die Ausnahme ist.

Kann er *Träume und Visionen* benutzen? Elihu, einer der Freunde Hiobs, sagte: *»Doch auf eine Weise redet Gott und auf eine zweite, und man wird es nicht gewahr. Im Traum, im Nachtgesicht, wenn tiefer Schlaf auf die Menschen fällt, im Schlummer auf dem Lager, dann öffnet er das Ohr der Menschen und bestätigt die Warnung für sie«* (Hi 33,14-16).

Dies trifft auf das Leben von Jakob, Josef, Pharaos Mundschenk und Bäcker, Nebukadnezar und Daniel im Alten Testament zu und auch auf das Leben von Josef, dem Mann Marias, und auf Paulus im Neuen Testament.

Menschen haben Gottes Botschaft durch das Reden von *Engeln* vernommen, insbesondere durch den Engel des HERRN im Alten Testament. Er war eine Erscheinung des Herrn Jesus vor dessen Menschwerdung.

Wir hören Gottes Stimme durch *Naturereignisse,* wie Donner (Hi 37,1-5; Ps 29,1-9; 77,18; 104,7) und Naturkatastrophen, wie die Flut in den Zeiten Noahs und die Zerstörung Sodoms und Gomorras.

Er spricht durch *Zeichen und Wunder.* Zeichen sind übernatürliche Ereignisse, die auf etwas *hinweisen*. Wunder sind dazu da Erstaunen hervorzurufen.

In wenigstens einem dramatischen Augenblick, sprach Gott durch ein *Tier.* Bileams Esel tadelte seinen Herrn für die ungerechten Schläge, die er ausgeteilt hatte (4Mo 22,28-30).

Gott kann durch das wunderbare Zusammenwirken von Umständen sprechen. Wenn Ereignisse sich zu einem ungewöhnlichen Zeitpunkt ereignen, kann dies bedeuten, dass Gott etwas zu sagen hat.

Auf den folgenden Seiten werden wir von bemerkenswerten Ereignissen lesen, bei denen Gott durch Bibelverse zu Menschen gesprochen hat. Diese Menschen wussten, dass Gott zu ihnen gesprochen hatte, auch wenn andere dies für nicht so überzeugend hielten. Der Bibelvers war vielleicht ganz aus dem Zusammenhang gerissen, aber das machte keinen Unterschied. Der springende Punkt war die Anwendung und nicht die Auslegung.

Bevor wir weitergehen, noch ein Wort zur Vorsicht. Manchmal denken Menschen fälschlicherweise, dass Gott durch sein Wort zu ihnen gesprochen hat. Als Beispiel sei ein Mann erwähnt, der an einer unheilbaren Krankheit litt. Diese Krankheit hatte schon anderen Familienmitgliedern das Leben gekostet. Es schien seinen Verwandten und Freunden klar zu sein, dass der Herr bereits seinen Willen offenbart hatte; er wird den Kranken heim in den Himmel holen. Aber dann, eines Tages, machten seine Frau und er ihre Stille Zeit.

Sie lasen Psalm 118,17: *»Ich werde nicht sterben, sondern leben und die Taten Jahs erzählen.«* Sie fassten den Vers als Versprechen für eine vollständige Heilung auf. Aber der kranke Mann starb binnen weniger Wochen. Warum wurde ihr Glaube nicht belohnt? Offen gesagt, wir wissen es nicht. Wir können es nur dem überlassen, dessen Wege vollkommen sind (Ps 18,30).

Was also sollten wir tun, wenn wir eine Verheißung in Anspruch nehmen und später herausfinden, dass wir sie falsch angewendet haben? Einen Hinweis, wie wir die Sache einzuordnen haben, finden wir bei den drei Hebräern, die zum Tod im Feuerofen verurteilt waren.

Sie glaubten vollständig daran, dass Gott sie befreien würde:

»... ob unser Gott, dem wir dienen, uns erretten kann – sowohl aus dem brennenden Feuerofen als auch aus deiner Hand, o König ...« (Dan 3,17).

Dann fügten sie hinzu, indem sie es Gott überließen, dass er einen anderen Plan haben könnte:

»... oder ob nicht: es sei dir jedenfalls kund, o König, dass wir deinen Göttern nicht dienen und uns vor dem goldenen Bild, das du aufgestellt hast, nicht niederwerfen werden« (Dan 3,18).

Wie sie können auch wir immer die Klausel »Aber wenn nicht ...« hinzufügen.

Selbstverständlich befürworten wir nicht den leichtfertigen Gebrauch der Bibel durch das, was man als »Zufallsmethode« bezeichnen könnte. Ein Gläubiger sucht nach der Führung des Herrn und so beschließt er, die Bibel auf gut Glück aufzuschlagen, den ersten Vers, den er sieht, auszusuchen und diesen als Gottes Wort an ihn zu akzeptieren. Die bekannteste Geschichte dieser Art handelt von einem jungen Mann, der das Wort aufschlug und las: »(Judas) *ging hin und erhängte sich*« (Mt 27,5). Das gefiel ihm nicht und so versuchte er es noch einmal. Diesmal hieß es: *»Geh und handle ebenso.«* (Lk 10,37). Prompt lehnte er den Vorschlag ab und versuchte es ein drittes Mal. Er las: *»Was du tun willst, das tue bald«* (Joh 13,27). Wir hoffen, dass diese Erfahrung ihn lehrte, in Zukunft darauf zu verzichten, den Willen Gottes auf diese Art und Weise zu suchen.

Jedoch widerlegen humorvolle Geschichten wie diese nicht die Tatsache, dass Gott durch das geschriebene Wort direkt zu den Seinen reden kann und auch redet. Der Gläubige muss ein ernsthaftes und aufrichtiges Verlangen haben, und der Fragende muss die Schrift in gläubigem Vertrauen lesen und Zeit im Gebet verbringen. Wenn diese Bedingungen erfüllt sind, gibt der Herr oft das passende Wort zur rechten Zeit.

Eine zweite Chance, Zeugnis zu geben

Marc, ein gebürtiger Schweizer, arbeitete für amerikanische Fluggesellschaften im Züricher Büro, bis der tägliche Flug nach New York gestrichen wurde. Dann entließ die Gesellschaft 30 Angestellte, unter ihnen Marc.

Er konnte eine Anstellung bei Swissport, einer Tochtergesellschaft von Swissair, finden. Es ärgerte ihn aber, dass er sonntags arbeiten musste. Seit er errettet war, hatte die Gemeinde einen hohen Stellenwert für ihn. Er wollte dort sein, um am Brotbrechen teilzunehmen, das Wort Gottes zu hören und Gemeinschaft mit seinen Geschwistern in Christus zu haben. Der Tag des Herrn war ein besonderer Tag für Marc und nun nahm ihm seine neue Arbeitsstelle die Möglichkeit, diesen Tag für seinen Herrn zu reservieren. Er empfand Sonntagsarbeit als schädlich für sein Leben als Christ.

Eines Tages sah er zufällig in der Zeitung eine Anzeige der Swissair unter der Rubrik »Hilfe gesucht«. Die Fluggesellschaft bot einen Vollzeitjob mit einer Arbeitszeit von Montag bis Freitag an. Das war genau das, wofür er gebetet hatte. Er verlor keine Zeit, sich zu bewerben.

Die Fluggesellschaft antwortete und lud ihn zu einem Vorstellungsgespräch ein. Zwei Personalleiter schienen der Sache positiv gegenüberzustehen, als Marc ihre Fragen beantwortete. Aber er zweifelte an ihrer lockeren Haltung, denn schließlich gehörte das zum »Geschäft«.

Als sie fragten: »Was machen Sie in Ihrer Freizeit?«, war das die Gelegenheit für ihn, als Christ Flagge zu zeigen. Er hätte ihnen sagen können, dass Christus die Mitte seines Lebens sei, dass er sehr gerne die Bibel lese, und er hätte so für seinen Herrn Zeugnis ablegen können. Aber er hatte Angst, dass ihn das den Job kosten könnte, und so gab er wenig überzeugend zur Antwort, dass er gerne Sport treibe.

Sobald er das Büro verlassen hatte, plagte ihn sein Gewissen. Es kam ihm vor, als ob er wie Petrus den Herrn verleugnet hätte. Er hatte einer Arbeitsstelle mehr Gewicht zugemessen, als einem zustimmenden Lächeln Jesu. Was für ein Christ war er bloß?

Als er sein Versagen einer älteren Schwester in der Gemeinde bekannte, versicherte sie ihm, dass »so etwas einem jeden von uns hätte passieren können«. Sie fügte weise hinzu: »Warum bittest du den Herrn nicht, dir eine zweite Chance zu geben?«

Das war genau das Wort, das er brauchte. Er ging nach Hause und verbrachte einige Zeit damit, in der Bibel zu lesen. Als er auf Jeremia 32,27 stieß, las er: *»Siehe ich bin der Herr, der Gott alles Fleisches! Sollte mir irgendein Ding unmöglich sein?«* Da erkannte er, dass er dem Herrn hätte vertrauen sollen, ihm die Stelle zu verschaffen, ganz egal wie negativ die Reaktion der Fragesteller auch hätte gewesen sein können. Er war auch voller Vertrauen, dass der Herr ihm eine andere Tür auftun würde, um Zeugnis zu geben.

Eines Tages aß er mit drei Kollegen zu Mittag. Als sie fertig waren, zündeten die drei sich eine Zigarette an. Eine Kollegin fragte: »Rauchst du nicht, Marc?«

»Nein, ich habe etwa neun oder zehn Jahre geraucht, aber dann geschah etwas, was mich veranlasste damit aufzuhören.«

»Was war das?«

»Ich wurde gläubig an den Herrn Jesus Christus. Als das geschah, wurde mir klar, dass mein Körper ihm gehört und dass ich ihm nicht mit einem krebserregenden Stoff schaden sollte.«

»Wow, du bist schon der Zweite, der mir innerhalb kurzer Zeit dieselbe Geschichte erzählt.« Eine Freundin von ihr hatte aufgehört zu rauchen, als sie gläubig geworden war. Anstatt sich über ihn lustig zu machen, nahmen seine Kollegen die Sache ernst.

Am selben Nachmittag erhielt er einen Anruf von einem Mann bei der Swissair. Er bot Marc die Arbeitsstelle an, falls er noch daran interessiert sei. Glücklich sagte er zu. Marc hatte nun einen lebendigen Beweis dafür, dass Gott heute noch handelt und nichts zu schwer für ihn ist und er diejenigen ehrt, die ihn ehren (1Sam 2,30). Er lernte, dass der Herr alle Menschen leiten kann, wie auch die Männer bei der Swissair, die ihn interviewt hatten. Gott hatte ihm eine zweite Chance gegeben, Zeugnis abzulegen und diese Erfahrung ermutigte ihn, diese Praxis zu einer Art Lebensstil zu machen. Marc möchte in jeder Lebenssituation Gott sehen und mit ihm rechnen.

In Nashville wächst eine Gemeinde

Nach einem Jahr an der Emmaus Bibelschule kehrten Johnny und Mary Lou Phelan zurück nach Hause nach Nashville, Tennessee. Die örtliche Methodistengemeinde bot Johnny eine Stelle als Hilfspastor an. Aber die Phelans hatten aufgrund der Bibel ein anderes Verständnis neutestamentlicher Gemeindeprinzipien. Und so kamen die beiden ein Jahr lang am Sonntagmorgen allein in ihrem Wohnzimmer zusammen, um des Herrn zu gedenken.

Ihre Verwandten und Freunde hielten das für ziemlich komisch. Aber die beiden hielten an ihrem Wunsch fest, dass eine Gemeinde nach neutestamentlichen Prinzipien in Nashville entsteht.

Harold Greene war an der Emmaus Bibelschule in Johnnys Klasse gewesen. Als Harold und ich mit Johnny sprachen und beteten, entschieden wir uns dafür, evangelistische Abende mit den Phelans abzuhalten und dafür ein Zelt zu kaufen. Uns fehlten aber die Mittel. Es gab allerdings einen guten Grund, dass unser Plan vorerst erfolglos blieb. Doch Harry Sommerville, ein Freund, der ein Zelt und Markisengeschäft in Kansas City hatte, hörte von unserem Dilemma und schenkte uns ein neues Zelt.

Im Frühling des Jahres 1951 stellten wir das Zelt

mit großem Enthusiasmus an der Kreuzung der 46. Straße und der Idahostraße auf. Aber drei Wochen lang erlebten wir wenig, was nach Segen aussah. Nach einer Nacht im Gebet sahen wir uns einmütig von Gott geführt, zur 55. Straße, Ecke Louisianastraße zu gehen.

Das war die Führung Gottes. Als Johnny und Hal das Evangelium predigten, gab es ständig Bekehrungen. Am Labor Day, dem Tag der Arbeit, musste ich zur Bibelschule zurückkehren, um wieder Unterricht zu erteilen.

Die Treffen gingen während der Wintermonate weiter. Öfen wurden aufgebaut, deren Ofenrohre durch die Seitenwände des Zeltes ragten. Als der Feuerschutzbeauftragte unsere Vorrichtung »verdammte«, predigte Hal gerade über das Thema »Verdammt oder nicht verdammt«.

Nun sah sich Johnny mit den Fragen konfrontiert: »Sollten wir den Bauplatz kaufen und ein Gemeindehaus bauen? Woher sollte das Geld kommen? Und woher die Arbeiter, die fähig wären, so ein Gemeindehaus zu errichten?« Die Antworten waren klar. Hier sind einige der Verse, die der Herr ihm gab:

»Kauf dir meinen Acker, der in Anatot liegt! Denn du hast das Lösungsrecht ihn zu kaufen .... Da erkannte ich, dass es das Wort des Herrn war« (Jer 32,6-9).

»Mein ist das Silber und mein das Gold, spricht der Herr der Heerscharen. Größer wird die Herrlichkeit dieses künftigen Hauses (Gemeindehaus) *sein als die des früheren* (Zelt)« (Hag 2,8-9).

»Und Handwerker sind bei dir in Menge: Steinhauer und Arbeiter in Stein und Holz und allerlei Sachverständige in jeder Arbeit ... Mache dich auf und handle! Und der Herr sei mit Dir!« (1Chr 22,15-19).

Mit dem Bau konnte im Sommer des Jahres 1952 begonnen werden. Hal Greene verließ sein Versicherungsgeschäft, um vollzeitlich im Werk des Herrn zu dienen. 1964 zog er nach Cape Girardeau, Missouri, um dort bei einer neuen Arbeit mitzuhelfen.

1965 verließ Johnny seine Arbeitsstelle, um sich vollzeitlich dem Dienst in der Gemeinde zu widmen.

Einige Brüder gingen weg und begannen mit einer neuen Gemeinde, die als »Christian Believers Fellowship« bekannt wurde. Die beiden Gemeinden arbeiten eng zusammen.

Das Gemeindehaus an der 55. Straße, Ecke Louisianastraße wurde verkauft und die Versammlung zog zu ihrem gegenwärtigen Standort am Sonya Drive.

Schließlich förderten Johnny und andere die Gründung von Horton Haven Camp in Chapel Hill für Freizeiten und Konferenzen.

Dies führte zu einem beachtlichen Einfluss auf Tennessee, und das alles, weil Gott diejenigen ehrt, die göttliche Überzeugungen haben und auch treu an ihnen festhalten.

Berts ungleiches Joch

Als Bert Claudia zum ersten Mal traf, war er noch kein Christ, aber der Herr hatte schon an seinem Herzen und an seinem Gewissen gearbeitet, und er war nicht mehr weit entfernt vom Reich Gottes. Claudia war nicht gläubig.

Schon als sie Bert zum ersten Mal traf, hörte sie die Hochzeitsglocken läuten, und auch er verliebte sich Hals über Kopf in sie. Er dachte, es wäre großartig, sie als Lebenspartnerin zu haben. Er freute sich auf die Zeit, wo sie beide errettet sein würden und dem Herrn gemeinsam dienen könnten. Sie war einverstanden, mit ihm zur örtlichen Gemeinde zu gehen und lebte sich dort schnell ein. Bert war froh darüber, wie problemlos sich ihre Beziehung entwickelte. Alles lief wie am Schnürchen.

Die Wochen vergingen und Bert wurde immer mehr von seiner Sünde überführt. Er wusste, dass er es so nicht länger aushalten konnte. Am Sonntag konnte der Prediger nicht zur Gemeindestunde kommen, und so sprang kurzfristig ein Automechaniker ein, der das Evangelium predigte. Für Bert war der entscheidende Augenblick gekommen. Nach dem Gottesdienst sprach er mit dem Bruder und bekannte sich zum Glauben an Christus. Als Claudia das sah, wollte auch sie errettet werden. Die

Frauen der Gemeinde standen um sie herum und freuten sich, dass diese beiden jungen Menschen nun eins in Christus waren und dem Herrn gemeinsam dienen konnten.

Bert war ein Senkrechtstarter. Er verschlang die Bibel und legte furchtlos Zeugnis für den Herrn ab. Claudia kam eine Weile treu zu den Gemeindestunden, aber dann nur noch sporadisch. Es plagte Bert, dass sie kein Interesse zeigte, die Bibel zu lesen, aber er nahm es als vorübergehende Erscheinung hin. Als Bert die Ältesten bat, ihn zu taufen, sagte Claudia, sie wolle gleichzeitig mit ihm getauft werden. Die Ältesten wollten sich verschiedentlich mit ihr zu einem Gespräch treffen, aber nie konnte sie eine Lücke in ihrem Terminkalender finden. So machten sie in ihrem Fall eine Ausnahme und tauften sie zusammen mit Bert. Bei der Taufe wurde es Bert klar, dass ihr Zeugnis mangelhaft war. Kein Wort von Buße oder davon, dass Christus ihre einzige Hoffnung wäre, in den Himmel zu kommen. Sie sprach viel von sich, aber wenig von Jesus.

Bert erstickte alle Zweifel und begann, Pläne für die Verlobung und die Hochzeit zu schmieden. Als die romantische Liebe zur Tür hereinkam, floh die Vernunft durch das Fenster hinaus. Eigentlich hatte er nicht die Gewissheit, im Willen Gottes zu handeln, aber er war sich sicher, dass der Herr sie schließlich doch retten würde, falls Claudia wirklich noch nicht gläubig sein sollte.

Eines Morgens machte er seine Stille Zeit und las in Jesaja 30,1-2: »*Wehe den widerspenstigen Söhnen, spricht der Herr, die einen Plan machen, aber nicht von mir aus, und Bündnisse weihen, aber nicht nach meinem*

Geist, um Sünde auf Sünde zu häufen; die sich aufmachen, um nach Ägypten hinabzuziehen - aber meinen Mund haben sie nicht befragt.«

Der Herr sprach direkt zu Bert. Er war dabei, Pläne zu machen, ohne den Herrn zu fragen. Er wusste, dass es nicht Gottes Wille für sein Leben war, eine ungläubige Frau zu heiraten. Dennoch war er von Gott abhängig und würde auch die Hochzeit absagen, falls sie nicht Gottes Willen entsprach. Bert hatte immer ein überaus großes Verlangen verspürt, eine Ehefrau zu haben. Er fürchtete sich vor dem Alleinsein.

Drei Monate später machte ein besorgter Bruder Bert auf 2. Korinther 6,14 aufmerksam: *»Geht nicht unter fremdartigem Joch mit Ungläubigen.«* Bert erschauerte. Das Wort Gottes sprach ein klares Verbot über das aus, was er verbissen vorhatte zu tun. Alle Lampen standen auf Rot.

An seinem Geburtstag organisierte Claudia eine Party für ihn - eine riesige Feier. Es gab Alkohol für jeden, der welchen haben wollte. Einige ihrer Freunde waren zu Gast, aber auch Geschwister aus der Gemeinde. Es herrschte eine angespannte Atmosphäre; jeder war peinlich berührt.

Kurz nach der Party traf sich ein anderer Bruder mit Bert zu einer Tasse Kaffee und erklärte ihm kurz die Bedeutung von 2. Korinther 6,14-18. Diesmal wurde es Bert klar, dass der Herr gleichsam mit einer Sirene versuchte, seine Aufmerksamkeit zu erlangen.

Schließlich traf Bert die Entscheidung, dass er so nicht mehr weitermachen konnte. Zu viele Dinge fehlten bei Claudias Zeugnis und es gab zu wenig

Beweise für eine Veränderung, die Christus in ihrem Leben bewirkte.

Der Brief war nicht einfach zu schreiben, aber die Beziehung musste ein Ende finden. Bert versuchte so sanft und mitfühlend wie möglich zu sein. Er legte dar, warum er es nicht zulassen dürfe, dass seine Taten mit seinen Überzeugungen in Konflikt geraten würden. Er entschuldigte sich für die Enttäuschung, die er ihr machte, und beendete den Brief mit der Aufforderung, an das Evangelium zu glauben.

Anscheinend hatte die aufgelöste Beziehung keine verheerenden Folgen für Claudia. Bert hörte, dass sie kurz darauf einen anderen Mann geheiratet hatte. Weder sie, noch ihr Ehemann bekannten sich zu Christus.

Bert empfand den tiefen Frieden, den diejenigen empfinden, die Gottes Gesetz lieben und machte gute Fortschritte in seinem Glaubensleben. Durch alle emotionalen Turbulenzen hindurch hatte er gelernt, dem Herrn die erste Stelle in seinem Leben einzuräumen und Erfüllung in ihm zu finden.

Klare Bestätigung

Eigentlich war er nur ein unbekannter Schriftsteller und Prediger, aber er war eingeladen worden, eine neunmonatige Weltreise im Dienst für den Herrn zu machen. Die Reise würde ihn in die meisten europäischen Länder führen, dann in den Mittleren Osten, in den Iran (der für Amerikaner zu dieser Zeit offenstand), nach Thailand, Nepal, Singapur, Indonesien, Australien, die Philippinen, Hong Kong, Taiwan, Korea und Japan. Ein Unternehmen wie dieses hätte einem schon Angst einflößen können, aber es war ihm möglich, die Reise ohne Schwierigkeiten in seinem Terminkalender unterzubringen. Es sah so aus, als ob es die Führung des Herrn wäre.

Als er jedoch an die Flüge, die zahlreichen Treffen, das fremdartige Essen, die möglichen gesundheitlichen Probleme und die Schwierigkeiten, die bei Reisen in fremden Ländern auftauchen, dachte, wollte er ganz sichergehen, dass diese Reise auch wirklich Gottes Wille war. Er wagte nicht aufzubrechen, ohne definitiv zu wissen, dass der Herr ihn auf jeder Meile seiner Reise begleiten würde. So bat er den Herrn, ihm ein Wort der Bestätigung zu geben, um die notwendigen Flugreservierungen vornehmen zu können.

Er musste nicht lange warten. Eines Morgens, als er in der Bibel las, sprangen ihm zwei Verse ins Auge.

Es handelte sich um Psalm 139,9-10:

»Erhöbe ich Flügel der Morgenröte, ließe ich mich nieder am äußersten Ende des Meeres, auch dort würde deine Hand mich leiten und deine Rechte mich fassen.«

Hier verweilt der Psalmist David bei Gottes Allgegenwart. Er ist überall, von einem Ende der Erde bis zum anderen Ende. Die Flügel der Morgenröte stehen für das Licht der Morgendämmerung, das am Himmel aufleuchtet, bis das Tageslicht den ganzen Planeten erreicht hat. Das äußerste Ende des Meeres sind klar die Enden der Erde. Wohin der Psalmist auch ging, der Herr war da und führte ihn (*»deine Hand würde mich leiten«*) und stärkte ihn (*»deine Rechte würde mich fassen«*).

So also sprach Gott zum Herzen des Bibellehrers. Die Flügel der Morgenröte ließen ihn an die Düsenflugzeuge denken, die am Himmel flogen. Auch wenn die Flugzeuge ihn östlicher als San Francisco und wieder dahin zurück bringen würden, konnte er sich Gottes Führung und Stärke sicher sein, um alle eventuellen Probleme der Reise zu meistern. Gottes rechte Hand, die ein Sinnbild für seine Stärke ist, würde ihn halten.

Als David diese Verse im Psalm 139 schrieb, da konnte er wohl kaum wissen, dass diese einem Diener des Herrn Frieden und Sicherheit zusprechen würden, der sich Jahrhunderte später Gedanken über Flugzeugreisen machte. Aber so ist eben das Wort Gottes. Es überspringt den unmittelbaren Textzusammenhang und spricht auf ganz individuelle Weise zu Menschen jeder Generation.

Wie immer hielt der Herr sein Versprechen. Neun Monate später kam der Bibellehrer wieder in San Francisco an, zwar erschöpft, aber voller Freude über die vielen Beweise der Gegenwart und Kraft des Herrn.

5

Bleibe im Land

Im Jahr 1965 erreichten Steve und Diane Istanbul in der Türkei, um dort mit ihrem Dienst als Missionare zu beginnen. Sie waren mit der Freude des Herrn erfüllt, als sie begannen, sich einzuleben und der Ankunft ihres ersten Kindes freudig entgegenzublicken. Sie lebten ein opferbereites Leben für die Evangelisation. Sie beteten intensiv und glaubten, dass Gott für alles, was er angeordnet hatte, auch sorgen würde. Sie ließen ihre Anliegen niemanden wissen außer dem Herrn.

Das Leben dort war nicht nur ein Zuckerlecken. Zu dieser Zeit war es schwierig, zehn wiedergeborene moslemische Türken im ganzen Land zu finden. Zwar garantierte die Verfassung religiöse Freiheit, doch nahmen die örtlichen Behörden hiervon keinerlei Notiz. Öffentliches Zeugnis für den Herrn traf auf erbitterten Widerstand. Als die Einschüchterungen die Gläubigen nicht entmutigen konnten, nahm die Polizei sie in Gewahrsam und inhaftierte sie. Prozesse vor Gericht waren allgemein verbreitet. Die eigentliche Taktik war, eine Ausweisung aus dem Land zu erreichen. Die Atmosphäre erinnerte an die der Apostelgeschichte.

Die Familie der Richards wuchs in den nächsten Jahren auf vier Kinder an – Paige, Mark, Dale und Ruth. Jetzt war die Familie in der Türkei beinahe »zu Hause«, in der Landessprache bewandert und mit den Sitten des Landes vertraut. Sie liebten die Menschen dort und arbeiteten unermüdlich für deren Errettung und den Aufbau neutestamentlicher Gemeinden.

Nach sieben Jahren in Istanbul fragte sich Steve, ob es strategisch klüger wäre, nach Deutschland zu ziehen. Dort gab es eine große türkische Volksgruppe, die man ohne Schikane seitens der Regierung evangelisieren könnte. Aber Steve war besorgt. War es die Führung des Herrn oder seine eigene Weisheit, solch einen Schritt zu tun? Er erinnerte sich an das Sprichwort: »Dunkelheit bezüglich des Gehens ist Licht bezüglich des Bleibens.« Auch wusste er: »Ziehe in der Finsternis niemals das in Zweifel, was du im Licht erkannt hast.«

Er und Diane gaben sich ganz dem Gebet hin. Ohne die genaue Führung vom Herrn würden sie nirgendwohin gehen.

Eines Morgens las Steve in seiner Stillen Zeit Psalm 37. Dort stand in Vers 3: *»Vertraue auf den Herrn und tue Gutes, wohne im Land und hüte Treue.«* Der Vers schien im Text fettgedruckt zu sein.

Steve und Diane hatten den Eindruck, dass der Herr sehr klar und direkt zu ihnen gesprochen hatte, und auf der Grundlage von Psalm 37,3 blieben sie weitere vier Jahre in der Türkei.

Schließlich führte der Herr sie nach Deutschland, wo sie in seinem Dienst standen, bis Steve an einem tödlichen Leberleiden erkrankte. Dies zwang sie dazu, in die Staaten zurückzukehren. Ihr Leben in der Abhängigkeit vom Herrn ist ein bleibendes Zeugnis dafür, dass er seinen Willen denjenigen glasklar mitteilen kann, die bereit sind auf ihn zu warten.

Nie zu alt[1]

Ethel Zinn war eine jener unerschütterlichen Kämpferinnen für die Sache des Kreuzes, die viele Männer wie geistliche Liliputaner erscheinen lässt. Sie jagte auf das Ziel zu, hin zu dem Kampfpreis der Berufenen Gottes nach oben in Christus Jesus (Phil 3,14). Die einzige Richtung, die sie kannte, war vorwärts, und ihre große Kraftquelle war ihr Glaube an den Herrn Jesus.

25 Jahre lang war sie Lehrerin in Indiana, aber als es ihr nicht mehr erlaubt war, die Bibel zu lehren oder den Schülern vom Herrn zu erzählen, ging sie in Frührente. Dies bedeutete eine spürbare Verringerung ihrer Pension.

Ruhestand war eine Fehlbezeichnung. Ihr Bruder und ihre Schwägerin baten sie, dringend nach Alaska zu kommen und in einem christlichen Waisenhaus als Lehrerin zu arbeiten und überall dort zu helfen, wo sie gebraucht würde. Wollte der Herr tatsächlich einer Frau in diesem Alter eine solche Verantwortung übertragen? Eines Morgens, als sie in der Bibel las, schien Psalm 39,5 besonders hervorzustechen: *»Mein Alter ist wie nichts vor dir.«* Ihr Herr hatte gesprochen. Mit dieser Botschaft im Rücken, packte sie ihre Sachen und ging nach Alaska. Nachdem sie einige Jahre als Lehrerin gearbeitet hatte, wurde Alaska ein Bundesstaat der USA. Weil sie bereits pensioniert war, musste sie mit ihrer

Tätigkeit aufhören. Doch wegen herrschenden Lehrermangels wurde sie als Vertretungslehrerin im öffentlichen Schulwesen wieder eingesetzt und bekam die Freiheit, die Bibel zu lehren. Und so hat Gott durch sein souveränes Handeln zu der Pension, die sie in Indiana aufgegeben hatte, sogar noch mehr hinzugefügt.

Da bleibt noch zu sagen, dass sie 5 Jahre in Alaska unterrichtete.

Wie Gott »Ecuador« sagte[2]

Jim Elliot verstand keinen Spaß, wenn es um den Willen Gottes ging. Er ertrug nichts, was sich zwischen einen Menschen und dessen völlige Hingabe stellen wollte, und er war auch nicht zurückhaltend, wenn es darum ging, dieser Intoleranz Ausdruck zu verleihen.

Schon seit einiger Zeit wusste er, dass Gott ihn auf ein fernes Missionsfeld gerufen hatte, aber wohin? Weil er weltweit mit Missionaren Verbindung hielt, gab es eine große Bandbreite an Auswahl.

Doch schließlich blieben zwei Möglichkeiten übrig. Er hatte einen ausgedehnten Briefwechsel mit Wilfred Tidmarsh, einem älteren Missionar in Ecuador. Tatsächlich hatte er sich für die Arbeit unter den Quechua Indianern angeboten. Er hatte auch an Rowland Hill in Bangalore, Indien, geschrieben. Mr. Hills Antwort war: »Komm!« Jims Herz war zwischen diesen beiden Missionsfeldern hin- und hergerissen.

Im Juni 1950, als Jim einen Sommerkurs beim linguistischen Institut belegte, erzählte ihm ein Missionar von den Auca Indianern in Ecuador. Jim war ganz Ohr und sein Herz hatte Feuer gefangen. Er nahm sich zehn Tage Zeit zum Gebet, damit Gott ihm zeigen konnte, ob es Indien oder Ecuador sein sollte. In dieser Zeit schrieb er:

»Dies sind Tage inneren Schauens, Tage, an denen mir offenbart wird, was ›sein sollte‹, was verwirklicht werden muss, wenn Christus verherrlicht werden soll. Teilweise offenbart sich mir dieses ›Gesollte‹ dort, wo ich sehe, dass unser heutiges Leben von der Ordnung Gottes, die er uns in seinem Wort kundtut, abweicht; und teils beim Lesen der Schrift - wenn ich die Urgemeinde sehe und wie dort die Ordnung Gottes, das Ideal, verwirklicht und gelebt wurde. Ach, wie weit haben wir uns von diesem Zustand und seiner Schönheit entfernt, und was für eine Aufgabe haben wir zu bewältigen! Herr, du hast zu mir gesprochen. Was sein soll, ist auch ausführbar. Und ich vertraue dir. Verteidige deinen Namen, dein Wort, deinen Plan, und verwirkliche all dies ›Gesollte‹, das ich bis jetzt nur in der Ferne erblicke.«

Am 4. Juli bat Jim um ein unmissverständliches Wort vom Herrn, das ihn darin bestätigen sollte, was er als seine Führung ansah, nach Ecuador zu gehen. Zehn Tage später, als er 2. Mose 23 las, sprangen ihm diese Worte gleichsam entgegen:

»Siehe, ich sende einen Engel vor dir her, damit er dich auf dem Weg bewahrt und dich an den Ort bringt, den ich für dich bereitet habe« (Vers 20).

Dem flüchtigen Leser mag dies nicht wie eine klare Bestätigung erscheinen. Es ist eine allgemeine

Verheißung, die auf praktisch jede Führung passen würde, die der Herr gibt. Aber das macht nichts. Für Jim war es die Stimme Gottes. Er schrieb: »So wie es mit diesen vorangegangenen Gefühlen und diesem einfachen Glauben an eine Verheißung kam, fasse ich dies als Führung Gottes auf, Tidmarsh zu schreiben, dass ich im Willen Gottes nach Ecuador gehen werde.«

Wir kennen das Ende der Geschichte. Am 8. Januar 1956 flogen er und vier andere Missionare[3] zum Strand des Curaray Flusses im Gebiet der Aucas und wurden dort von tödlichen Pfeilen getroffen, als sie versuchten, diese Steinzeitindianer mit dem Evangelium zu erreichen. Möglicherweise haben sie mit ihrem Tod Gott mehr Ehre bereitet, als sie es in einem langen Leben des Dienstes auf Erden hätten tun können.

Freude am Morgen

Die Ältesten waren ins Haus der Familie gekommen, um mit ihr in der Zeit des Kummers zu beten. Die Ehefrau und Mutter war im Krankenhaus und lag im Sterben. Einer der Ältesten sagte: »Wie ihr wisst, kommt die Zeit, wo wir aufhören sollten, für unsere eigenen Wünsche zu beten, und den Herrn bitten sollten, dass sein Wille geschehe.« Nach einer Zeit des Schweigens, gingen alle auf die Knie. Der Vater betete und übergab seine Frau dem Herrn. Ein Sohn betete und bat den Herrn, dass sein Wille geschehe. Während der andere Sohn betete, klingelte das Telefon. Es war das Krankenhaus mit der Nachricht: »Wenn Sie Ihre Angehörige noch einmal sehen wollen, sollten Sie sich beeilen. Sie fällt ins Koma.« Die Familie fuhr zum Krankenhaus, aber die Ehefrau und Mutter lag bereits im Koma, als sie ankamen.

Vor sechs Monaten war diese hingegebene Christin ins Krankenhaus gegangen, um eine bösartige Anämie behandeln zu lassen. Es war nicht das erste Mal gewesen und niemand nahm die Sache besonders ernst. Die Ärzte waren bei richtiger Anwendung der Medikamente in der Lage, das Blut zu normalisieren und die Patientin zu entlassen.

Aber am Tag vor ihrer Entlassung entschied ein Arzt, ihren Magen zu untersuchen, um vielleicht so dem Grund ihrer Blutarmut auf die Spur zu kommen. Um gründlich zu untersuchen, musste man eine Magenspiegelung machen.

Während der Gastroskopie durchstach der Arzt, ein angesehener Experte auf diesem Gebiet, tragischerweise ihren Magen. Es war ein medizinischer Notfall. Sie musste unverzüglich operiert werden.

Es schien, als ob sie sich auf dem Wege der Besserung befände, aber zehn Tage später, an Weihnachten, kam es zu einer Infektion. Die Antibiotika, die zu jener Zeit verfügbar waren, hätten das Blut geschädigt. Sechs Monate lang versuchten die Ärzte, die Infektion zu stoppen. Manchmal schien es ihnen zu gelingen, aber immer wenn sie die Frau entlassen wollten, trat die Infektion wieder auf. Es war ein Alptraum, immer zwischen Hoffen und Bangen zu leben.

Eines Tages, als man die Frau zum Röntgen brachte, ließ man sie in einem kalten, dunklen Raum allein. Sie erzählte ihrer Familie, dass ihr dort der Herr ganz nahe gekommen war. Von da an hatte sie keine Angst mehr vor dem Tod. Der Herr hatte ihr Frieden ins Herz gegeben.

Die letzte Infektion erreichte ihre Nieren und die Ärzte sagten, dass sie nichts mehr für sie tun könnten. Das stimmte. Nach einigen Tagen im Koma starb sie, um beim Herrn zu sein.

Die Familie hatte den Herrn nach seinem Willen gefragt. Er hatte geantwortet, indem er die Frau heimholte. Auch wenn der Kummer der Familie nicht hoffnungslos war, war er dennoch tief. Freunde kamen und drückten ihr Mitgefühl und ihren Trost aus. Diejenigen, denen Kummer nicht fremd war, boten ihren Trost an. Aber niemand ist solch ein Tröster, wie der Herr. *»Der uns tröstet in all unserer Drangsal, damit wir die trösten können, die in allerlei Drangsal sind, durch den Trost, mit dem wir selbst von Gott getröstet werden«* (2Kor 1,1-4).

Dr. H. A. Ironside war ein Freund dieser Familie. Als er von ihrem Kummer hörte, schrieb er einen Brief, um sie zu trösten. Am Ende des Briefes zitierte er Psalm 30,5:

»Am Abend kehrt Weinen ein und am Morgen ist Jubel da.«

Dieser schlichte Bibelvers trug mehr dazu bei, die Ketten des Schmerzes aufzubrechen, als alle Worte, die bisher gesagt oder geschrieben worden waren. *»Ein Wort zu seiner Zeit, wie gut!«* (Spr 15,23). Das Weinen dauert nur die kurze Zeit, bis der Herr kommt. Wenn dann der Morgenstern erscheinen wird, kommt auch die Freude. Dann wird Gott *»jede Träne abwischen von ihren Augen, und der Tod wird nicht mehr sein, noch Trauer, noch Geschrei, noch Schmerz wird mehr sein, denn das Erste ist vergangen«* (Offb 21,4)

Weinen müssen wir nur auf dieser Welt, in jener wird es keinen Schmerz mehr geben.

Nicht umsonst

Keine Beschäftigung ist so erfüllend und befriedigt so sehr, wie der vollzeitliche Dienst für den Herrn Jesus. J. H. Jowett, ein bekannter Prediger und Autor, drückte es treffend so aus: »Seit über 20 Jahren bin ich nun im christlichen Dienst. Ich liebe meine Berufung. In allen Diensten empfinde ich eine tiefe Freude. Mir ist nichts bewusst, was mich von meinem Dienst ablenken könnte; meine Treue und meine Kraft werden ohne Konkurrenz für ihn verwendet. Ich hatte immer nur eine Leidenschaft, für die ich gelebt habe - die verzehrende, mühsame und ruhmreiche Arbeit, die Gnade und die Liebe unseres Herrn und Erlösers Jesus Christus zu verkündigen.«

Ein Mann wie Jowett ist sich bewusst, dass er für die Ewigkeit lebt. Nie empfindet er seinen Dienst als vergebens. Er weiß, dass das Wort Gottes nicht leer zu ihm zurückkehrt. Es wird erfüllen, wozu er es gesandt hat (Jes 55,11). Sein geistlicher Lohn ist nicht kalkulierbar und sein Schatz ist nicht von dieser Welt.

Aber niemand sollte annehmen, dass es dabei keine Probleme gibt. Es gibt Enttäuschungen, wenn ein Jünger, der seine Hand an den Pflug gelegt hat, zurückschaut. Es gibt Entmutigung, wenn ein Arbeiter auch nach Jahren der Arbeit nur wenig Frucht sieht. Gottes Diener ist denselben Versuchungen ausgesetzt, wie andere Menschen auch; er ist nie vor ihnen sicher, bis er im Himmel ist. Da gibt es den Schmerz, wenn ihm zum Beispiel eine Aufgabe entrissen wird und ein Traum damit endet.

Dies passierte einem Mann, der dem Herrn über 20 Jahre lang gedient hatte. Er war in seiner Arbeit überaus glücklich gewesen, aber innerhalb weniger Wochen musste er ohne Fehler seinerseits den Dienst abgeben. Es war ein Kummer und eine Qual für ihn, aber Gott hatte ihn nicht vergessen.

Eines Tages öffnete er den Brief von einer Schwester, die ihn von Zeit zu Zeit finanziell unterstützt hatte. Sie hatte nicht wissen können, durch welche Tiefen er gerade ging. Er hatte seinen Kummer niemandem außer der Familie mitgeteilt. Doch am Ende ihres kurzen Briefes schrieb sie: »Jesaja 49,4.« Er griff zu seiner Bibel, fand die Stelle und las:

»Ich aber sagte: ›Umsonst habe ich mich abgemüht, vergeblich und für nichts meine Kraft verbraucht. Doch mein Recht ist beim Herrn und mein Lohn bei meinem Gott.‹«

Das war genau die Botschaft, die er brauchte, ein Wort, den Müden aufzurichten (Jes 50,4).

Er frohlockte darüber, wie Gott den Geist und den Willen einer Frau gebraucht hatte, die gar nicht wissen konnte, durch welche Nöte er gerade ging, um den richtigen Vers zur rechten Zeit zu schicken und so seiner Not abzuhelfen. Es war klar, dass hier Gottes Stimme durch sein Wort zu ihm sprach und ihm versicherte, dass sein Dienst nicht vergebens gewesen war und dass alles, was er für den Herrn getan hatte, gerecht belohnt würde.

Im Übrigen stellte sich seine Ablehnung als Beförderung heraus. Nachdem er sich wieder gefasst hatte, gab der Herr ihm einen Dienst, durch den er seinen Einfluss weltweit ausdehnen konnte.

Nicht zum Tod

Diese Begebenheit hat sich in der Geschichte der Gemeinde Jesu oft wiederholt. Nur die Details unterscheiden sich.

John war ein frommer Ältester, der von den Gläubigen in der Gemeinde sehr geschätzt wurde. Wie andere Mitglieder seiner Familie, hatte er eine Veranlagung zu Herzproblemen geerbt. Schließlich kam der Schlag. Er hatte einen ernsten Herzanfall und musste unverzüglich ins Krankenhaus.

Die Gemeinde begann, für ihn zu beten. Ernsthafte Fürbitte für diesen geschätzten Ältesten brachten sie vor Gott.

Die Krankenhausberichte waren nicht ermutigend, die Prognose war schlecht. Der Arzt erklärte einem Familienmitglied, dass der Patient sterben müsse, wenn das Herz weiter mit dieser Frequenz schlagen würde.

In seiner täglichen Stillen Zeit, las ein Bruder aus der Versammlung in Johannes 11. Als er zu Vers 4 kam, war er überzeugt, dass der Herr zu ihm gesprochen hatte:

»Diese Krankheit ist nicht zum Tode, sondern um der Herrlichkeit Gottes willen, damit der Sohn Gottes durch sie verherrlicht werde.«

Er wollte glauben. Er war sich der Wahrheit dieser

Verheißung sicher. Und dennoch wurden die Krankenberichte immer hoffnungsloser. Er fürchtete sich, den anderen Christen davon zu erzählen, wie der Herr zu ihm gesprochen hatte, aus Angst, sich getäuscht zu haben.

Sonntagnacht waren die Geschwister untröstlich. Der Mann, der jahrelang ihr treuer Sonntagsschulleiter gewesen war, stand am Rande des Todes. Nach dem Gottesdienst versammelten sie sich zum Gebet. Es war kein Routinetreffen. Sie nannten Gott ihre triftigen Gründe, warum sie diesen Mann Gottes brauchten. Sie weinten, ohne sich zu schämen. Es sah so aus, als ob der Himmel sich neige.

Als der Arzt den Patienten am Morgen besuchte, fragte er ihn: »Wie geht es Ihnen heute?«

Der Mann erwiderte: »Mir geht es 100% besser.«

Der Arzt holte sein Stethoskop aus der Tasche seines weißen Kittels und hörte das Herz ab. Er war erstaunt. Er konnte es kaum glauben.

Er sagte: »Es geht Ihnen nicht 100% besser, sondern 200%!«

Es stimmte. Der Älteste erholte sich schnell und der Herr ließ ihn noch für 13 weitere Jahre fruchtbaren Dienstes auf der Erde. Dann verließ er eines Wintermorgens das Haus, um arbeiten zu gehen. Als er einen leichten Schneebelag von seinem Auto entfernte, fiel er über seinen Wagen und ging heim. Ohne leiden zu müssen, ging er, um seinen König in dessen Schönheit zu sehen.

Gott hatte sein Versprechen gehalten: *»Diese Krankheit ist nicht zum Tode, sondern um der Herrlichkeit Gottes willen.«* Und er hatte das inbrünstige Gebet der Seinen erhört. Der Mann, der die Verheißung bekommen hatte, wünschte sich, er hätte sie der Versammlung mitgeteilt, als die Dinge am trostlosesten aussahen.

11

Sieben Worte vom Herrn

Es ist nicht ungewöhnlich für Missionare, durch eine lange Trockenzeit zu gehen, in der sie wenig oder gar keine Ergebnisse aus ihrer unermüdlichen Arbeit sehen. Das war auch bei Paul und Carol Bramsen der Fall. Sie waren mit großen Hoffnungen und Erwartungen nach Senegal gegangen. Die ermutigenden Worte der Familie und der Freunde klangen ihnen noch in den Ohren. Sie fühlten die freudige Erregung der Missionslieder, die die Würde ihrer Berufung priesen. Sie hatten noch einen weiten Weg vor sich.

Einmal in Senegal angekommen, widmeten sie sich sogleich dem Studium zweier Sprachen, nämlich Französisch und Wolof. Sie versuchten, ganz in die Kultur des Landes einzudringen. Sie taten, was immer sie konnten, um mit ihren Nachbarn Freundschaft zu schließen und sich mit ihnen zu identifizieren. Es war nicht einfach, aber das hatten sie auch nicht erwartet.

Und so begann Paul, in der nördlichen Wüstenregion Senegals durch persönliche Gespräche und das Verteilen von Bibelteilen das Evangelium zu verbreiten. Nach einigen Jahren eröffnete er einen Buchladen, in dem Menschen ungestört und ohne Ablenkung lesen konnten.

Aber es gab ein Problem. Die Menschen in diesem Gebiet waren zu 98% Moslems. Obwohl Paul die Saat säte, wendete sich niemand zum Herrn. Sie konnten in zwei Jahren Arbeit nichts vorweisen. Waren sie wirklich da, wo der Herr sie haben wollte?

Diese Sackgasse ging noch 3 Jahre so weiter. Es gab keine echten Bekehrungen zu Christus. Die Saat war auf steinigen Boden gefallen. Der Widerstand gegen das Evangelium war riesig. War es Zeit für die Bramsens, den Staub von den Füßen zu schütteln und zu aufnahmebereiteren Menschen zu gehen?

Eines Tages im August spitzten sich die Dinge zu. Es war einer der härtesten Tage, die Paul auf dem Missionsfeld erlebt hatte. Die Worte aus Jesaja 49,4 beschrieben sein gefühlsmäßiges Tief: »*Umsonst habe ich mich abgemüht, vergeblich und für nichts meine Kraft verbraucht.*« Er sehnte sich nach einer klaren Weisung vom Herrn, dass er in diesem Teil der Welt weitermachen sollte. Vielleicht war es Zeit, anderswohin zu gehen. Er schrieb in sein Tagebuch: »Nun ist es 11.40 Uhr abends. Ich plane, einige Stunden mit dem Herrn im Gebet zu verbringen, und erwarte heute Nacht sieben bestätigende Worte von ihm.

Paul saß neben einem Bücherregal, auf dem eine Reihe täglicher Andachtsbücher standen. Dort betete er: »Herr, ich brauche dich, dass du mich ermutigst! Ich werde alles aufschreiben, was immer du mir gibst.« Paul wusste, dass Gott nicht verpflichtet ist, diese Methode zu belohnen, Textpassagen einfach willkürlich zu lesen. Aber er wusste auch, dass Gott sich oft unserer Schwachheit annimmt, wenn wir uns so sehr danach sehnen, ihn zu hören. Im Glauben nahm er sein Tagebuch heraus, um aufzuschreiben, was der Herr zu ihm sagen würde.

In den nächsten zwei Stunden las Paul einen Textabschnitt, verbrachte dann Zeit im Gebet und in der Anbetung des Herrn, bevor er den nächsten Abschnitt las. Dabei geschah Folgendes:

Das erste Buch, das Paul herausholte, hieß »Mach dich auf, mein Geliebter« (Originaltitel: Come Away, My Beloved). Er öffnete willkürlich ein Kapitel mit der Überschrift »Die letzte große Ausgießung«. Der rote Faden des Kapitels war: Mach weiter, denn der Sieg ist sicher. Das traf den Nagel auf den Kopf.

Das zweite Buch hieß »Du gibst, sie sammeln ein« (Originaltitel: Thou givest, they gather). Einer der Sätze, der hervorstach war: »So wie auch ich überwunden habe.« Für Paul bedeutete das: »Sei nicht erstaunt durch die Prüfungen, sondern wisse, dass du sie durch die Gnade Gottes überwinden wirst.« Das schrieb er in sein Tagebuch.

C. H. Mackintoshs Buch »Kurze Aufsätze« (Originaltitel: Short papers) war das nächste. Hier war der Kerngedanke, dass der ewige Bund, den Gott mit uns geschlossen hat, uns ermutigt weiterzumachen. Jedes Knie wird sich einmal vor Jesus Christus beugen. Diese Gedächtnisstütze ermutigte Paul mit dem Gedanken, dass Gott nicht versagt, auch wenn wir versagen.

Paul nahm nun Amy Carmichaels Buch »Rose vom Dornstrauch« (Originaltitel: Rose from the Briar). Er las: »O meine Seele, nimm alles Scharfe, alles Harte, das Schwierige, das Unerwünschte ... nimm es an und verweigere dich keinem dieser Dinge.« All diese Worte der Ermutigung schienen aus der Seite hervorzustechen, als er die Textabschnitte willkürlich las.

Nun nahm Paul Andrew Murrays Buch »Warten auf Gott« (Originaltitel: Waiting on God). Seine Augen wanderten zu einer Seite, auf der der Autor Psalm 37,7-9 zitierte: *»Sei still dem Herrn und harre auf ihn! Die auf den Herrn hoffen werden das Land besitzen.«* Murray schrieb: »Wir gestehen, dass wir von Zeit zu Zeit ungeduldig mit Menschen und Umständen werden. Letztlich sind wir aber mit Gott ungeduldig, weil er nicht sofort oder so schnell unsere Bitten erfüllt, wie wir es uns wünschen. Nur wenn wir bereit sind, auf Gott zu warten, werden unsere Augen geöffnet, um an seinen weisen und souveränen Willen zu glauben und zu sehen, dass sein Segen uns desto sicherer erreichen wird, je eher und je vollständiger wir uns diesem Willen absolut unterwerfen. Gib Gott die Ehre, indem du in ihm still bist, indem du ihm ganz vertraust. Diese Geduld ehrt ihn sehr. Sie lässt ihn Gott sein, der auf dem Thron sitzt und seine Arbeit tut und das Ich ganz und gar in seine Hände legt. Es lässt Gott Gott sein. Wenn du auf die Erhörung einer besonderen Bitte wartest, warte geduldig.«

An diesem Punkt betete der Missionar: »Das, o Herr, ist erstaunlich. Du bist so gnädig. Du gibst mir genau die Worte, die ich brauche.«

Aber Gott hatte noch nicht aufgehört zu reden. Das sechste Buch war »Der Geist Christi« (Originaltitel: The Spirit of Christ), auch von Andrew Murray. Paul las tiefbewegt auf Seite 164: »Darf ich das zu jedem Bruder sagen, der Missionar ist und dies in seinem Heim weit weg von zu Hause liest: Sei wohlgemut, Bruder. Der Heilige Geist, der die mächtige Kraft Gottes ist, der die Gegenwart Jesu in dir ist, der Heilige Geist ist mit dir, ist in dir. Es ist seine Arbeit. Überlasse dich ihm. Warte auf ihn. Es ist seine Arbeit. Er wird sie tun.« An dieser Stelle rief Paul »Hallelujah«. Es war ein Wort, das genau für ihn geschrieben war, an einen »Bruder, der Missionar ist ... weit weg von zu Hause.«

Schließlich öffnete Paul willkürlich seine Bibel im Buch Jesaja. In Kapitel 32 fielen seine Augen auf Vers 20. Die Worte sprangen ihm entgegen: *»Glücklich ihr, die ihr an allen Wassern sät.«* Friede erfüllte nun sein Herz. Er dachte: »Ja, das ist es, wozu der Herr uns gerufen hat, an allen Wassern zu säen, ob es nun Wasser sind, die aufnahmebereit sind oder nicht.« Sein Vertrauen, dass der Herr eine Arbeit im Norden Senegals unter der muslimischen Bevölkerung tun würde, war wiederhergestellt! Hatte er Recht oder war sein Vertrauen fehl am Platz?

Die nächsten paar Monate waren äußerst schwierig, einige der schwierigsten im Leben der Bramsens. Aber im Jahr 1987, sechs Jahre nach ihrer Ankunft im Senegal, war die Zeit für die Ernte gekommen.

Im März kam ein junger Franzose namens Bruno in den Buchladen und hielt eine kleine blaue Bibel in seiner Hand. Das Leben dieses jungen

Katholiken war in Frankreich aus den Fugen geraten. Er entschied sich, dass es im Leben mehr geben müsse als Trinken und ... Also ging er nach Indien, um die Wahrheit im Hinduismus, Islam und in anderen Religionen zu suchen. Als Bruno Zeit mit Menschen aus einer Vielzahl von Religionen verbrachte, dachte er immer wieder: »Diese Menschen sind ärmer dran als ich.« In Kalkutta ging er in ein Bibelhaus. Fast ziellos, ohne darüber nachzudenken, fragte er, ob sie eine Bibel in Französisch hätten. Sie hatten ein Exemplar und er kaufte es. Nach 9 Monaten in Indien zog er weiter und landete schließlich in Afrika. Täglich las er in seiner Bibel und betete: »Herr, führe mich zur Wahrheit und halte mich von Lügen fern.«

Brunos Reisen führten ihn schließlich in den Buchladen im Senegal. Nach einigen Tagen, an denen er mit Paul gesprochen hatte, verabschiedete er sich mit den Worten: »Paul, da ist eine Menge, was ich nicht verstehe, aber eins weiß ich: Ich möchte Christus nachfolgen. Ich werde dir schreiben, wenn ich in ungefähr sieben Monaten zurück in Frankreich bin.«

Aber schon sechs Wochen später erhielt Paul einen Brief. Bruno schrieb: »Ich befinde mich hier in einem kleinen Dorf, eineinhalb Stunden von dir entfernt. Ich habe das Alte Testament parallel zum Neuen Testament durchgelesen, so wie du es mir empfohlen hast, und ich verstehe, dass Christus tatsächlich das Thema aller Propheten ist. Ich vertraue ganz ihm. Um es kurz zu machen, ich bin wiedergeboren!«

Einen Monat nach seiner Errettung wurde Bruno getauft. Bei seiner Taufe war ein junger katholischer Senegalese namens Antoine anwesend, mit dem Paul Kontakt gehabt hatte. Eine Woche nachdem er bei Brunos Taufe war, kehrte er zu Christus um. Es war eine wunderbare Bekehrung.

Ungefähr zur selben Zeit brachte der Herr einen jungen Moslem ins Leben der Bramsens. Er hieß Malick und suchte ernsthaft die Wahrheit und begann, die Bibel zu studieren. Als er das tat, erkannte er, dass alle Propheten auf Jesus Christus hinweisen, und dass keiner Mohammed auch nur erwähnte. Er erfuhr eine gründliche Bekehrung und wurde später die Stimme des Evangeliumradios unter Pauls Leitung. Heute wird dieses Programm von sieben Radiostationen im Senegal ausgestrahlt, die Moslems gehören und von ihnen betrieben werden.

Im Verlauf der zwei Jahre, die auf Brunos Bekehrung folgten, sahen die Bramsens acht weitere Menschen den Herrn annehmen. Die Zeit war gekommen, dass der Herr sich ein Volk für seinen Namen herausrufen würde. Seit dieser Zeit weitet sich die Arbeit im Senegal langsam aber sicher aus. Es ist so, wie es der Herr an jenem Abend, am 27. August 1986, durch sieben Texte zugesagt hatte:

Mach weiter. Der Sieg ist sicher.
Sei durch die Prüfungen nicht erstaunt.
Wir versagen, aber Gott wird nicht versagen.
Jedes Knie wird sich beugen.

Nimm alles an, was Gott auch schickt.
Lass Gott Gott sein. Warte geduldig auf ihn.
Es ist seine Arbeit.
Hab Vertrauen, gebe dich ganz hin, bete und warte.
Säe weiter. Der Segen der Ernte wird kommen.

Beschenkt mit Gottes Heil und langem Leben

Der Schauplatz dieser Geschichte ist die Insel Lewis in Schottland. Man schreibt das Jahr 1922. Jessie MacDonald verbrachte mit ihren beiden Jungen Ian und William ein Jahr bei ihren drei ledigen Schwestern zu Besuch, während ihr Ehemann nach Massachusetts zurückgekehrt war, um seine Arbeit wiederaufzunehmen. Sie lebten im so genannten Glebe Haus, das früher dem örtlichen Pfarrer als Pfarrhaus gedient hatte.

Mitte des Jahres bekam der fünfjährige William Diphtherie, eine lebensbedrohliche, ansteckende Krankheit. Gott sei Dank kennt man diese Krankheit heute so gut wie nicht mehr. Die meisten Ärzte haben heute dank einer Schutzimpfung, die schon Babys bekommen, mit dieser Krankheit noch nichts zu tun gehabt. Aber zu jener Zeit war Diphtherie im Allgemeinen tödlich.

Williams Situation war besonders heikel. Es gab in der Nähe weder ein Krankenhaus noch einen Arzt oder irgendeine Medizin, die hätte helfen können. Der Zustand des Fünfjährigen war hoffnungslos. Eine Schleimhautmembran bildete sich in seinem Hals, die ihm die Luftzufuhr zur Lunge abschnitt. Seine Mutter konnte es nicht mit ansehen, wie er zu Tode erstickte. Sie war völlig verzweifelt.

Genau in diesem Augenblick klopfte es an der Tür. Es war ihr Schwager Murdo MacDonald, der in einem benachbarten Dorf lebte. Er war ein Christ, der eng mit dem Herrn verbunden war und den der Herr ins Vertrauen gezogen hatte, wie es denen verheißen ist, die ihn fürchten (Ps 25,14).

Trotz ihrer Verzweiflung machte sie schnell eine Tasse Tee für ihn. Das gehört zur normalen Gastfreundschaft in einem schottischen Haus, wenn ein Besucher kommt. Als er sich an den Tisch setzte, erklärte er ihr, dass er zu Hause am Torffeuer die Bibel gelesen hätte. Als er am Ende von Psalm 91 angelangt sei, hatte der Herr deutlich zu ihm gesprochen, als er las:

»Weil er an mir hängt will ich ihn erretten. Ich will ihn schützen, weil er meinen Namen kennt. Er ruft mich an, und ich antworte ihm. Ich bin bei ihm in der Not. Ich befreie ihn und bringe ihn zu Ehren. Ich sättige ihn mit langem Leben und lasse ihn mein Heil schauen.«

Im Glauben beanspruchte er die Verheißung im letzten Vers: *»Ich sättige ihn mit langem Leben und lasse ihn mein Heil schauen.«*

In diesem Augenblick war es menschlich gesprochen unmöglich, dass William jemals ein langes Leben genießen oder eines Tages errettet werden würde. Die Zeit lief ab. Aber wie Abraham hatte Murdo einen starken Glauben und gab Gott die Ehre. Er versicherte Williams Mutter, dass ihr Kind die Diphtherie überleben und eines Tages wiedergeboren würde.

Überlebte er nun tatsächlich und wurde er auch wiedergeboren?

Ja, durch ein Wunder göttlicher Heilung und weit entfernt von jeglicher medizinischen Hilfe überlebte er die schreckliche Krankheit. Dreizehn Jahre später bekehrte ich mich durch die Gnade Gottes zum Glauben an den Herrn Jesus. Jetzt, da ich dies niederschreibe, bin ich 83 Jahre alt. Das ist ein langes Leben.

Wie er verheißen hatte, hat Gott mir ein langes Leben geschenkt und mich seine Rettung sehen lassen. Treu ist der, der es verheißen hat.

Durch ein Haar gerettet[5]

Dennis wurde in einem christlichen Elternhaus in Nova Scotia erzogen. Seit seinen frühesten Kindertagen wurden ihm die Grundlagen des Glaubens gelehrt. Er hätte bereitwillig zugestimmt, wenn ihn jemand gefragt hätte, ob er daran glaube, dass Christus stellvertretend für ihn am Kreuz von Golgatha gestorben sei. Als Junge hätte er zugestimmt, dass er ein Sünder sei und dass er, sollte er ohne den Heiland sterben, für ewig verloren wäre. Mit sieben Jahren legte er ein Glaubensbekenntnis für den Herrn Jesus ab. Aber rückblickend erkennt er, dass keine wahre Buße vorhanden war. Lehrmäßig war er gesund, aber er hatte nie eine echte Hingabe an Jesus als Herrn vollzogen.

An der High School spielte er in einem Universitäts-Hockeyteam mit und kam immer wieder in Situationen, in denen er im Blick auf seinen Glauben Kompromisse eingehen musste. Gegen besseres Wissen passte er sich der Mehrheit an und probierte Drogen und Alkohol aus. Die anderen schienen ihren Spaß daran zu haben, aber seine Freude wurde immer dadurch getrübt, dass er sich dessen bewusst war, auf dem breiten Weg zur Hölle zu sein. Auch hatte er Angst, dass der Herr jeden Augenblick kommen könnte, um die Gemeinde zu sich zu holen, und er dabei zurückgelassen werden würde. Es tröstete ihn, wenn er aufwachte und seine Eltern durchs Haus laufen hörte.

Als er die High School abschloss, erhielt er ein Hockey-Stipendium an der Sacred Heart Universität in Conneticut. Er dachte, dies wäre ein guter Zeitpunkt, sein Leben in Ordnung zu bringen, aber es stellte sich heraus, dass dies nichts als ein schöner Vorsatz war. Er saß in der Falle. Wenn er und seine Kumpel unter Drogen standen, kramte er manchmal seine Bibel hervor, um ihnen Angst einzujagen. Er erzählte ihnen von Gottes Heilsplan und davon, wie »wir alle auf dem Weg in die Hölle wären«. Er sprach mit seinen Freunden leichtfertig über diese Dinge, aber in Wahrheit war es Gott, der ihn verfolgte. Wie ein gläubiger Freund später sagte: »Als Sohn eines Predigers kannte er alle Antworten, aber den Herrn kannte er nicht. Und so feierte er seine Parties einen Herzschlag von der Hölle entfernt.«

Bei einem Versuch, sich zu bessern, schrieb er sich als Student im zweiten Jahr in der Arcadia Universität in Nova Scotia ein. Auch hier wartete die Welt auf ihn, nur die Namen hatten sich geändert. In den Weihnachtsferien gingen ihm zwei Dinge auf die Nerven. Das eine war, dass er durch eine Spieltour tief in Schulden geraten und nicht in der Lage war, diese zu bezahlen. Der andere Vorfall ereignete sich, als er mit drei anderen nach New York ging, um das Neue Jahr auf dem Times Square zu begießen. In einem T-Shirt Laden in Greenwich Village sah er ein tolles T-Shirt der Gruppe »Smashing Pumpkins«. Es trug das Logo seiner Lieblingsband. Das Bild war eine furchterregende

Mahnung, was auf die Welt wartet – das Erscheinen des Antichristen, die Zahl des Tieres und die unvergleichliche Trübsal, die auf die Entrückung der Gemeinde folgen wird. Dennis schreibt: »Durch die Ereignisse in den Weihnachtsferien war ich so gut wie am Ende. Der Herr arbeitete an meinem verstockten Herzen, aber ich wollte immer noch nicht kapitulieren. Die ersten zwei Wochen nach den Ferien waren eine Sauftour, wodurch ich die Tatsache verdrängte, dass der Gott, den ich aus meinem Leben verdrängen wollte, nun zu mir sprach.«

Sein Widerstand wurde schwächer. Er und ein Freund verbrachten einen gemeinsamen Abend und diskutierten über die Leere in ihrer beider Leben und lasen Verse aus den Evangelien.

Am nächsten Morgen ging er ins Internet und fand einen christlichen Chat-Room. Als er seinen Kummer erzählte, teilte ihm ein unbekannter Gläubiger Lukas 12,7 mit: *»Aber selbst die Haare eures Hauptes sind alle gezählt.«* Das war schon ein seltsamer Vers, um ihn jemandem mitzugeben, der errettet werden wollte. Er beinhaltet nicht ein Wort über das Evangelium. Wäre nicht Johannes 3,16 oder Römer 10,9 besser gewesen? Offensichtlich nicht, weil gerade dieser Vers laut und deutlich zu ihm sprach. Wie er sich erinnert: »Ich war überwältigt, dass der Herr Jesus mich so sehr liebte. Ich war aufgewühlt, dass er überhaupt an mich dachte. Er wusste alles über mich, und wie viele Male hatte ich seine Liebe zurückgewiesen und doch liebte er mich immer noch.«

Dennis war nun bereit. Nach einem ausführlichen Telefongespräch mit einem seiner Onkel ergab er sich dem Herrn Jesus. Das ist jetzt sein Zeugnis: »Er hat mein Leben verändert und aus mir einen völlig neuen Menschen gemacht, mit dem neuen Verlangen, dem zu gefallen, der so viel für mich getan hat.«

Durch ein Haar gerettet? Nun, das stimmt nicht genau. Aber es war eben ein Vers, der von den Haaren auf seinem Haupt sprach, der ihn ans Ende mit sich selbst und zu Jesu Füßen brachte. Als Einziges bedauert er, dass er nicht schon früher dort angelangt ist.

Gefangen in sich selbst

Sally war die Tochter von Bill und Dora Deans, einem Missionarsehepaar im damaligen Belgisch-Kongo. Ihre Arbeit in Nyangkunde zog die nationale Aufmerksamkeit auf sich, als ein Artikel voll des Lobes über sie in der Sunday Evening Post erschien.

Sally ging nicht gerne aus. Sie war überaus schüchtern und völlig auf sich selbst bezogen. Wenn Freunde versuchten, sie in ein Gespräch einzubeziehen, kam nie etwas von ihr zurück. Sogar als Teenager und als sie zwanzig und älter war, hatte sie nie das Gefühl, wichtig zu sein, und bezweifelte, dass der Herr je direkt zu ihr sprechen würde.

Dieses Gefühl der Bedeutungslosigkeit nahm sie auch mit zur Emmaus Bibelschule. Sie las ihre Bibel gläubig und betete. Aber da war etwas, was eine intime Nachfolge zwischen ihr und dem Herrn blockierte. Manchmal sagte eine Mitschülerin zu ihr: »Sally, ich möchte dir gern erzählen, wie der Herr durch einen Bibelvers zu mir gesprochen hat.« Sally hörte wohl zu, ging dann in ihr Zimmer und versuchte, den Vers auf sich anzuwenden. Aber er war immer noch unwirklich und unpersönlich.

Dieses Dasein glich dem Leben in einem Kokon und es ging so weiter, bis sie eines Tages Matthäus 6 las. In Vers 24 sprach der Herr auf ungewöhnliche und unerwartete Weise zu ihr:

»(Sally), *niemand kann zwei Herren dienen; denn entweder wird er den einen hassen und den anderen lieben, oder er wird einem anhangen und den anderen verachten.*«

Aber was hatte das mit dem Problem zu tun, das sie in ihrem Leben ständig verfolgte? Obwohl wir die Verbindung vielleicht nicht sehen können, war ihr sie jedenfalls klar. Der Herr sagte: »Sally, es gibt Sünde in deinem Leben. Schüchternheit, Zurückhaltung, Selbstmitleid und Selbstbezogenheit sind Sünde. Du kannst nicht ein auf Gott ausgerichtetes Leben führen, solange du dich nur um dich selbst drehst. Du kannst nicht diesen zwei Herren dienen.«

Dies war eine lebensverändernde Offenbarung für Sally Dean. Bis zu diesem Zeitpunkt hatte sie ihre Schüchternheit als eine Art Demut gesehen, die ja eine Tugend ist. Nun erkannte sie, dass sie Sünde war. So sagte sie: »Herr, ich möchte mein Leben auf dich ausrichten und nicht in Selbstbezogenheit leben, aber ich bin völlig in mir selbst gefangen und komme da nicht heraus. Was soll ich tun?«

Ihr Gespräch mit dem Herrn ging weiter. Es war, als ob er zu ihr sagte: »Sally, du kannst dich nicht selbst ändern. Du wirst dich nie selbst ändern können. Nicht du bist der Menschenveränderer, sondern ich! Wenn du dich mir überlässt, mir deinen Willen auslieferst, dann werde ich dich ändern. Siehst du, das mache ich.«

Und er tat es. Sobald Sally ihre Ichbezogenheit

bekannte, wurde sie gänzlich befreit. Sie gibt zu, dass es immer noch Narben gibt, aber diese verblassen langsam. Manchmal stottert sie noch, wenn sie sehr nervös ist, und manchmal ist es auch noch ein Kampf, jeden Gedanken unter die Herrschaft Christi zu bringen.

Nun, jemand mag vielleicht einwenden, dass sie Matthäus 6,24 völlig aus dem Textzusammenhang gerissen deutete. Das stimmt. Die zwei Herren, von denen Jesus sprach, sind Gott und der Mammon. Wenn man das Wort Gottes auslegt, ist es wichtig, einen Vers in seinem Zusammenhang zu studieren. Aber der Herr ist nicht an diese Regel gebunden, wenn er zu einem seiner Kinder reden will. Er kann einen Vers nehmen und ihn seinen eigenen Absichten dienen lassen. Der Herr, der die Bibel geschrieben hat, hat auch das Recht, sie so anzuwenden, wie es ihm gefällt.

Stephans Rettung

Es war Silvester und was schien für junge Leute in Österreich angemessener, als die Pisten zu stürmen? Um 16.30 Uhr klingelte bei Colvins das Telefon. Die Nachricht verhieß nichts Gutes. Von ihrem Sohn Stephan fehlte jede Spur. Sein Bruder Joshua und er waren zur Osterhorn Gruppe gefahren, einer kleinen Bergkette, nicht weit von zu Hause entfernt. Stephan hatte das Snowboard und Joshua die Skier mitgenommen. Joshua machte einen Teil der Abfahrt und wartete darauf, dass Stephan aufschließen würde, aber Stephan tauchte nicht auf. Er hatte die reguläre Piste verlassen und fuhr auf einem anderen Weg hinunter. Das war ein Fehler. Joshua fuhr schließlich ins Tal, wo sein Vater auf einem Parkplatz wartete, aber auch da war Stephan nicht. Und so alarmierten sie die Bergwacht.

Diese schien nicht besonders besorgt zu sein. Sie glaubten, dass ein junger Kerl dieses Alters wahrscheinlich in einer Hütte sitzen würde, um ein Bier zu trinken. Oder vielleicht war er ja auch mit Freunden heimgefahren. Im übrigen war es Silvesterabend, und da war man auf's Feiern aus und nicht auf einen Rettungseinsatz.

Als Peggy, Stephans Mutter, die Nachricht erhielt, rief sie gläubige Freunde an, damit diese beten sollten. Dann verständigte sie Hias, den Vorsitzenden der Lawinenschutzkommission und der Bergrettung einer angrenzenden Gegend. Hias war nicht nur für seine Bergkenntnisse, sondern auch für seine Bibelkenntnisse bekannt. Sie bat ihn inständig, sobald wie möglich ein Suchteam hinauszuschicken. Dann setzte sie sich mit ihrer Tochter Sarah hin, um zu beten und in der Bibel zu lesen, und sie hoffte, ein Wort der Zusicherung vom Herrn zu bekommen.

Hias trat in Aktion und rief seinen Kollegen bei der Salzburger Bergwacht an. Er versicherte ihm, dass Stephan ein verlässlicher junger Mann wäre und seinen Eltern nicht unnötig Angst einjagen würde. Offensichtlich befand er sich in einer Notlage.

Die Dunkelheit setzte ein. Die Lawinengefahr war groß; schon am Nachmittag hatte es einige Lawinen gegeben. Eine Ewigkeit schien zu vergehen, bis eine Feuerwehrtruppe, Bergpolizei, Lawinenspürhunde und einige örtliche Bergrettungsteams eintrafen. Einige gläubige Freunde, die ebenfalls hervorragende Skiläufer waren, kamen auch zum Ort des Geschehens.

Mit dem Lift erreichten sie den Berggipfel und fuhren dann die Snowboardrouten ab. Es wurde klar, dass sich Stephan auf den steilen Nordhang gewagt hatte. Das bedeutete, dass er über einen Vorsprung hatte springen müssen, um schließlich in weichem Tiefschnee zu landen. Dies kam einem Sprung aus zehn Metern Höhe gleich. Nur die allererfahrensten Skiläufer konnten das Tal je auf diese Art und Weise erreichen. Da noch weitere Lawinen drohten, war der »weiße Tod« eine schreckliche Möglichkeit.

Niemand erwartete, dass Stephan unverletzt gefunden werden würde. Einige wagten nicht auszusprechen, was sie tatsächlich befürchteten. Mittlerweile stiegen vielerorts Gebete zum Himmel auf.

Einige der Helfer begannen, sich zu streiten. Die einen wollten die Suche abbrechen und am Morgen nach der Leiche suchen, andere wiederum wollten weitermachen. Vier tapfere Männer setzten sich schließlich durch und begannen mit ihrer Abfahrt in die Dunkelheit.

Der Schnee war so tief, dass Stephan bis zu den Schultern darin feststeckte. Er konnte nicht mehr weiterfahren. Seine Kleidung war durchnässt. So beschloss er, eine Höhle in den Schnee zu graben.

Als die Rettungsmannschaft ihn fand, war er buchstäblich dabei zu erfrieren. Niemals hätte er die Nacht überlebt.

Um 21.30 Uhr ging Peggy ans Telefon und hörte die bewegende Nachricht: Sie haben ihn gefunden.

»Hat er sich etwas gebrochen?«

»Nein, nichts gebrochen, aber er wäre fast erfroren.«

Da wusste Peggy, dass der Herr zu ihr gesprochen hatte. Sie hatte in Psalm 34 gelesen und war auf Vers 7 gestoßen, wo es heißt: *»Der Engel des Herrn lagert sich um die her, die ihn fürchten, und er rettet sie.«* Sie hatte sich an dem Wort »retten« festgehalten und dies als Verheißung aufgefasst, dass Stephan gerettet werden würde. Aber der Herr hatte noch nicht zu Ende gesprochen. Sie las Vers 20: *»Er bewahrt alle seine Gebeine, nicht eines von ihnen wird zerbrochen.«*

Wieder am Parkplatz am Fuße des Berges angekommen, strahlte der Bergrettungsleiter Stephans Vater an: »Das ist das beste Silvester, das ich je gefeiert habe. Wir haben Ihren Sohn gerettet.«

Stephan wurde ein Star, beinahe ein Held in der Schule. Er wird weiterhin free-style Snowboard fahren, aber solche Risiken in unbekanntem Terrain will er in Zukunft meiden. Er drückte seinen Rettern in einer österreichischen Zeitung und den meisten auch persönlich seine Dankbarkeit aus.

Doch hier endet die Geschichte noch nicht. Einige Zeit später reiste Stephan nach Kalifornien. Dort konfrontierte ein erfahrener Seelengewinner ihn mit dem Evangelium und forderte ihn auf, eine Entscheidung zu treffen. Dieser junge Rebell, der drei Jahre lang kein Gemeindehaus mehr von innen gesehen hatte, brach am Fuß des Kreuzes zusammen und setzte sein Vertrauen auf Christus.

16

Der Flirt mit Aids

Andrew war ein Kind seiner Zeit. Für junge Kerle wie ihn war es »cool«, mit einer Freundin zusammenzuleben, zur Unterhaltung Alkohol zu trinken und überhaupt allen Vergnügungen freien Lauf zu lassen. Andrews Freundin, die von einer japanisch-amerikanischen Ehe geschieden war, hieß Anna. Sie war wieder verheiratet, aber die Ehe war zerrüttet. Sie fand, dass das Ganze sie auch nicht davon abhalten sollte, die Zeit mit anderen Männern zu genießen. So lebte sie nun mit Andrew zusammen.

Einige Jahre verbrachte er mit ihr, hatte dann aber genug von ihrem sexuell freizügigen Lebensstil, und so verließ er sie.

In den darauffolgenden Tagen konnte er nicht erklären, was eigentlich mit ihm los war. Er fühlte sich zunehmend unwohl. Das Leben, das er als normal betrachtet hatte, kam ihm nun schamlos vor. Es lastete schwer auf ihm. Er hatte versucht, Befriedigung zu finden und nun war alles, was er fand, Schuld. Er erlebte, wie er auf übermächtige Art und Weise von seiner Sünde überführt wurde.

Neun Monate, nachdem er Anna verlassen hatte, hörte er das Evangelium. Die Last der Sünde wurde ihm am Kreuz abgenommen, und er fand Frieden mit Gott durch den Herrn Jesus Christus. Er wurde ein hingegebener Christ.

Ein Jahr danach traf er zufällig Nila, eine junge

Frau aus Malawi, die auch eine Freundin Annas war. Nila hatte Neuigkeiten, bei denen Andrew erschauerte. Anna hatte ihr erzählt, dass ihr Ehemann eine homosexuelle Affäre in San Francisco gehabt hätte und nun an AIDS erkrankt sei. Das war, bevor Andrew Anna überhaupt gekannt hatte. Nun war es möglich, dass Anna auch mit dem HIV-Virus infiziert und Andrew durch Anna angesteckt worden war. Seine Vergangenheit hatte ihn eingeholt.

Die folgenden Tage waren eine Achterbahnfahrt der Gefühle. Tag und Nacht war er mit Furcht erfüllt. Er konnte keinen Frieden finden. Es blieb ihm nichts übrig, als zu einem Arzt zu gehen und sich auf Aids testen zu lassen. Die Sprechstundenhilfe nahm ihm Blut ab und erklärte ihm, dass er das Ergebnis binnen einer Woche zugeschickt bekäme. Trübe Aussichten bedrohten sein Leben.

Als er zwei Tage nach dem Aidstest in der Bibel las, erwartete er nicht, dass irgendetwas Dramatisches geschehen würde. Er las in Psalm 91:

»Denn er errettet dich von der Schlinge des Vogelstellers, von der verderblichen Pest. Mit seinen Schwingen deckt er dich, und du findest Zuflucht unter seinen Flügeln. Schild und Schutzwehr ist seine Treue. Du fürchtest dich nicht vor dem Schrecken der Nacht, vor dem Pfeil, der am Tag fliegt, vor der Pest, die im Finstern umgeht, vor der Seuche, die am Mittag verwüstet. Tausende fallen an deiner Seite, zehntausend an deiner Rechten – dich erreicht es nicht« (Verse 3-7).

Die Worte *»die verderbliche Pest«* und *»die Pest, die im Finstern umgeht«* schienen eine passende Beschreibung für Aids zu sein. Und Vers 7: *»Tausende fallen an deiner Seite, zehntausend an deiner Rechten - dich erreicht es nicht«*, schien eine Verheißung von Gott zu sein, dass diese Krankheit, die Abertausende von Opfern fordert, Andrew nicht erreichen würde.

Der Psalm war eigens für ihn.

Als er die Sache seinem Freund Peter erzählte, stimmte dieser mit ihm überein, dass der Herr sicherlich Worte der Zusicherung an ihn gerichtet hätte. Trotzdem wurde er durch Augenblicke des Zweifels geplagt. Jeden Abend, wenn er von der Arbeit nach Hause kam, eilte er zum Briefkasten, um zu sehen, ob ein Brief vom Arzt dabei wäre. Nachdem eine Woche vergangen war, war seine Tageslesung aus 1. Samuel 17, wo David zu Saul Folgendes sagt:

»So hat dein Knecht den Löwen und den Bären erschlagen. Und diesem unbeschnittenen Philister (Goliath) *soll es genauso ergehen wie einem von ihnen, weil er die Schlachtreihen des lebendigen Gottes verhöhnt hat. Und David fuhr fort: Der Herr, der mich aus den Klauen des Löwen und aus den Klauen des Bären errettet hat, der wird mich auch aus der Hand dieses Philisters erretten. Und Saul sagte zu David: Geh hin, der Herr sei mit dir!«*

Beim Lesen dieser Zeilen gewann Andrew einen Einblick darein, was es heißt, Glauben an Gott zu haben: zu glauben, dass das, was er versprochen hatte, auch geschehen würde. Er bemerkte auch, dass er nun mehr inneren Frieden spürte als gewöhnlich. Er war sich nun sicher, wie der medizinische Bericht lauten würde. Selbst wenn dieser positiv zurückkäme, würde er dies als Fehldiagnose betrachten und noch einen Test machen lassen.

Die Testresultate kamen erst nach vier Wochen. Andrew war nicht mit dem HIV-Virus angesteckt. Er hatte kein AIDS.

Es ist nicht zu leugnen, dass der Herr durch Psalm 91 und Samuel 17 zu ihm gesprochen hatte. Sein Glaube wurde gestärkt und er hatte nun die Freiheit, sich mit ganzem Herzen in die Arbeit zu stürzen, zu der der Herr ihn gerufen hatte.

Gott sagte, dass er es tun würde - und er tat es auch.

Die Verheißung des Heils

Mrs. Shepherd war eine Frau, deren größte Gebetslast es war, dass ihre Kinder errettet werden. Aber sie wollte nicht nur dafür beten. Sie erzog sie gemäß der Bibel und lehrte sie die Heilige Schrift zu lieben und ihr zu gehorchen. Die Worte aus 5. Mose 11,18-21 erfüllten sich in ihrem Haus:

»Und ihr sollt diese meine Worte auf euer Herz und auf eure Seele legen, und sie als Zeichen auf eure Hand binden, und sie sollen als Merkzeichen zwischen euren Augen sein. Und ihr sollt sie eure Kinder lehren, indem ihr davon redet, wenn du in deinem Haus sitzt und wenn du auf dem Weg gehst, wenn du dich niederlegst und wenn du aufstehst. Und du sollst sie auf die Pfosten deines Hauses und an deine Tore schreiben, damit eure Tage und die Tage eurer Kinder zahlreich werden in dem Land, von dem der Herr euren Vätern geschworen hat, es ihnen zu geben, wie die Tage des Himmels über der Erde.«

Bei den Shepherds war es eine gute Sitte, Evangelisten und Bibellehrer zu beherbergen, die auf der Durchreise waren. Sie vertrauten darauf, dass dies einen heiligenden Einfluss auf ihr Zuhause haben und die Kinder geistliche Lektionen lernen würden, wenn sie den Gesprächen bei Tisch lauschten.

Als bei einer solchen Gelegenheit ein reisender Prediger einige Tage in ihrem Haus verbrachte, teilte Mrs. Shepherd ihm ihre tiefe Überzeugung mit, dass der Herr alle ihr Kinder erretten würde. Ob er ihr einen bestimmten Bibelvers hierzu gegeben hatte, weiß heute niemand mehr, aber sie hatte festes Vertrauen, dass alle errettet würden.

Der Prediger war nicht beeindruckt. Er tat die ganze Idee mit einer Handbewegung ab und brachte damit zum Ausdruck, dass es sich hierbei wohl um einen Fall von Wunschdenken handle. Seine Antwort kam wie ein Kübel kalten Wassers, gegossen über den Glauben einer hingegebenen Mutter.

Nicht lange nach diesem Vorfall hörte eine Glaubensschwester, die am anderen Ende der Stadt lebte, von Mrs. Shepherds Entmutigung und deren zerschlagenen Hoffnungen. Diese Schwester hatte einen behinderten Mann und es war schwierig für sie, ihn unbeaufsichtigt zu lassen. Es war eine stürmische Nacht und normalerweise hätte sie dem Wetter nicht getrotzt. Aber der Herr gab ihr einen wenig bekannten Bibelvers, den sie zu Mrs. Shepherd bringen sollte, und sie spürte ein tiefes Verlangen zu gehen. Ihr Ehemann sagte, dass dies in Ordnung wäre, und so zog sie ihren Mantel an, eilte zum Haus der Shepherds und überreichte der Mutter einen Zettel mit diesem Vers:

»Wer dich angreift, den werde ich angreifen und deine Söhne werde ich retten« (Jes 49,25b).

Nichts hätte passender und nichts rechtzeitiger sein können. Es war offensichtlich der Herr, der das Vertrauen dieser verzweifelten Mutter wiederherstellen wollte. Er sagte, dass er sich um den Prediger kümmern würde, der die Gültigkeit ihres Vertrauens geleugnet hatte, und dass er ihre Familie erretten würde. Für sie war das die Anwendung des Verses.

Die Auslegung des Verses in seiner ursprünglichen Bedeutung ist, dass Israel von seinen Feinden befreit und dass das jüdische Volk von seinen Feinden errettet werden wird, wenn der Herr wiederkommt, um sein Reich aufzurichten.

Wieder sehen wir, wie vielseitig Gottes Wort ist – eine Auslegung, viele Anwendungen.

Wer wundert sich, wenn wir erfahren, dass Mrs. Shepherds Söhne und Töchter alle errettet wurden und ein Leben führten, das die Echtheit ihrer Bekehrung unter Beweis stellte?

Die Schau wird kommen

Es ist schwer, geduldig zu sein. Vielleicht sind wir an dem Punkt angelangt, wo wir den Willen Gottes ernsthaft wissen und tun wollen. Wir haben gerufen: »Nicht mein, sondern dein Wille geschehe!« Wir sind bereit, unsere eigenen ehrgeizigen Pläne fallenzulassen und uns dem Herrn ganz hinzugeben. Unser Gebet um eine Offenbarung seines Willens erstreckt sich schon über Wochen und Monate, manchmal über Jahre. Doch es ist schwer, geduldig zu sein.

Manchmal scheint es so, als ob unsere Gebete prompt erhört würden, wenn wir zum Glauben kommen. Dann, wenn wir im Glauben reifen, müssen wir Lektionen in der Schule der Geduld lernen.

»Gott antwortet manchmal auf unsere Gebete,
wenn unsere Herzen schwach sind,
gibt er die Gaben, die seine Kinder suchen.
Aber oft muss der Glaube eine tiefere Ruhe kennen lernen,
und auf Gottes Stille vertrauen, wenn er nicht sprechen kann;
da derjenige, dessen Name Liebe ist, das Beste schicken wird,
Sterne mögen untergehen und Berge weichen, aber unser Gott ist wahrhaftig,

seine Verheißungen sind denen sicher, die ihn suchen.«
(Autor unbekannt)

Greg war an dem Punkt angelangt, wo er Gottes Wegweisung brauchte. Er hatte das göttliche Klopfen auf seiner Schulter gespürt. Der Herr hatte ihn in den vollzeitlichen Dienst gerufen. Das Grundsätzliche war klar, aber die Einzelheiten nicht. Wohin sollte er gehen? Und wann?

Schon vor 8 Monaten hatte er begonnen zu beten, aber der Himmel schwieg. Er war versucht, die Sache von seiner Gebetsliste zu streichen. Aus 8 Monaten wurden schließlich 16 Monate und immer noch gab es keine Antwort. Sicher war es an der Zeit aufzugeben.

In seiner Stillen Zeit las Greg im 2. Kapitel des Propheten Habakuk:

»Das Gesicht gilt erst für die festgesetzte Zeit und es strebt auf das Ende hin und lügt nicht. Wenn es sich verzögert, warte darauf, denn kommen wird es, es wird nicht ausbleiben« (Vers 3).

Greg hatte keine Idee von welchem Gesicht Habakuk[6] sprach noch verstand er den Textzusammenhang. Alles, was er wusste, war, dass der Herr zu ihm geredet hatte. Und so verharrte er im Gebet. Kurze Zeit darauf kam die Antwort und nun konnte er im Glauben ausziehen, wohl wissend, dass er mit dem Herrn im Gleichschritt war.

»Goldene Äpfel in silbernen Prunkschalen ist ein Wort geredet zu seiner Zeit« (Spr 25,11). Es ist wunderbar.

Durch Feuer und Wasser[7]

Zu Dave Hunts Kunden zählte auch ein Holzimperium mit 4 eigenständigen Werken am Fuße der Sierra Nevada. Der Sitz des Hauptwerkes war Merced, Kalifornien. Als geprüfter Steuerberater hatte Hunt durch sein Fachwissen das Vertrauen der Firmenführung erlangt. Dieses Wissen war nun bitter nötig.

Die Gesellschaft hatte ihr Konto um 100.000 Dollar überzogen, hatte 70.000 Dollar Lohnsteuerschulden, schuldete anderen Gläubigern fast 2.000.000 Dollar und brauchte täglich 15.000 Dollar, um den Betrieb am Laufen zu halten.

Vor seinem Rücktritt versuchte der Firmenchef, zwei Sägewerke und eine Kistenfabrik an die Konkurrenz zu verkaufen. Er bat Hunt, die Gläubiger hinzuhalten, bis der Verkauf über die Bühne wäre. Er stimmte zu und wurde damit praktisch Geschäftsführer mehrerer Unternehmen, die sich am Rande des Ruins befanden. Es reichte aus, um eine riesige Pleite zu verursachen. Wie hatte er sich jemals in solch ein finanzielles Debakel hineinziehen lassen können?

Herrn Hunts große Stärke war, dass er ein hingegebener Christ war, und der Herr stärkte ihn in dem Vertrauen, dass er ihm bei dieser Aufgabe helfen würde. Er veranlasste den Büroleiter, einigen Gläubigern Schecks auszustellen, und auch nicht einer der Schecks platzte. Gelder aus Darlehen, gesteigerten Verkäufen und schnellerem Einziehen von Außenständen kamen herein. Aus diesen Geldern veranlasste er Teilzahlungen an Gläubiger.

Die Sache glich einem Hochseilakt, einem finanziellen Tanz am Abgrund. Einmal verkaufte er einen LKW, um ein um 7500 Dollar überzogenes Konto auszugleichen. Dies wurde ein Muster.

50.000 Dollar kamen vom Verkauf des Sägewerks als Anzahlung eines Konkurrenten herein. Dies war gerade genug, um die Firma für den Augenblick über Wasser zu halten. Die Gesamtsituation war zum verzweifeln - so schlimm, dass Hunt sich der Möglichkeit einer Gefängnisstrafe gegenübersah. Als er einmal einen Gläubiger in San Rafael besuchte, sah er ein Verkehrszeichen, das zum Gefängnis San Quentin deutete. War das ein Omen?

Als es so aussah, dass der Verkauf des anderen Sägewerks unsicher wäre, sprach der Herr durch Psalm 66,10-12 klar zu Hunt:

»Denn du hast uns geprüft, Gott, du hast uns geläutert, wie man Silber läutert. Du hast uns ins Netz gehen lassen, hast eine drückende Last auf unsere Hüften gelegt. Du hast Menschen über unseren Kopf reiten lassen.«

Hunt dachte: »Genau das war die letzten 6 Monate der Fall. Ich befand mich in einem Netz, aus dem es kein Entrinnen gab. Sogar Wunder schienen mich nur von einer Krise zur nächsten zu bringen. Ich habe Prüfungen und Konflikte durchlebt, die ich mit niemandem teilen konnte. Wohin ich auch ging, »ritten Menschen über meinen Kopf.« Vor den Gläubigern gab es kein Entrinnen, sie waren einfach überall - mit Beleidigungen, zornigen Drohungen und kaum mehr auszuhaltendem Druck.«

»Ich konnte nur die Schläge auffangen und zu Gott um Mut schreien und mir selbst seine Verheißung ins Gedächtnis rufen.«

»Als ich die Verse las, kam es mir vor, als seien sie für mich geschrieben. Sie sollten mir erklären, dass die Prüfungen, durch die ich gerade ging, einen Sinn hatten. Gott läuterte mich wie Silber, das man ins Feuer hält, um die Schlacken daraus zu entfernen - um mich so für etwas Zukünftiges, das in seinem Willen lag, zu reinigen. Ich fühlte mich wie einer, der nun schon lange Zeit im Feuer gewesen war. Aber die nächsten Worte des Psalms sagten mir, dass das wirkliche Feuer erst noch kommen würde:

»... wir sind ins Feuer und ins Wasser gekommen, aber du hast uns herausgeführt zum Überfluss.«

Die Überzeugung festigte sich bei Hunt, dass es buchstäbliches Feuer und Wasser geben würde, durch die er noch zu gehen hätte. Erst danach würde Gottes Verheißung einer Befreiung schließlich erfüllt werden.«

Sein Verständnis des Verses und dessen persönliche Anwendung für ihn ließen nicht lange auf sich warten. Gerade als er nach Reno fahren wollte, um eine Schuld von 10.800 Dollar einzuziehen, klingelte das Telefon. In der Hobelfabrik war Feuer ausgebrochen. Als Hunt am Schauplatz des Geschehens ankam, war das Gebäude vollständig zerstört. Nur eine Maschine konnte gerettet werden, die Hobelmaschine. Es war die einzige Maschine, die für den Betrieb der Fabrik unverzichtbar war.

Einige Wochen später schickte die Brandversicherungsgesellschaft eine große Barzahlung für die zerstörte Fabrik und deren unnötige Maschinen, die auch dem Feuer anheim gefallen waren. Dies half, einige der fälligen Bankrechnungen zu begleichen.

»Das Feuer in Psalm 66 war also buchstäblich zu verstehen. Ich stellte nicht länger in Frage, wie diese Verse, die vor Jahrhunderten geschrieben worden waren, sich direkt auf mein Leben anwenden ließen. Auch konnte ich mir nicht vorstellen, dass das Wasser, durch das ich noch zu gehen hatte, weniger real sein würde. Aber ich hatte keine Ahnung, wie oder wann es kommen würde, auch hatte ich wenig Zeit darüber nachzusinnen.

Im folgenden Winter und Frühjahr kam es zu Regenfällen, die alle Rekorde brachen. Das gesamte Werk für die Herstellung von Obst- und Gemüsekisten wurde überflutet. Wegen des übermäßigen Niederschlags verzögerten sich auch die Ernten, was wiederum einen dramatischen Rückgang im Verkauf der Kisten nach sich zog. Wenn man die Gläubiger jemals hatte hinhalten müssen, dann jetzt.

Selbst wenn es morgen aufhören würde zu regnen, würde es Wochen dauern, bis wir den Schaden behoben und den Schutt weggeräumt hätten. Dann wäre es zu spät. Wir waren durchs Feuer gegangen, und offensichtlich war das nun das Wasser; aber die Verheißung, dass wir zum Überfluss hinausgeführt würden, schien unmöglicher zu sein denn je.«

Als der Regen sich legte, kamen einige gute Aufträge für Kisten herein und Hunt war in der Lage, einen beachtlichen Kredit auszuhandeln.

Nachdem er zweieinhalb Jahre nach einem Käufer gesucht hatte, kamen nun einige Angebote herein. Eine Gesellschaft kaufte das Land, die Fabriken, LKWs und die gesamte Firmeneinrichtung.

»Während des Frühjahrs und frühen Sommers 1959 schritt der Verkauf des Inventars planmäßig voran. In dieser Zeit wurde es immer offensichtlicher, dass zu guter Letzt bald alle Gläubiger ausbezahlt werden würden und dass die entsetzliche Erfahrung chronisch überzogener Bankkonten und ständiger Krisen der letzten drei Jahre schließlich ein Ende finden würde. Dies sollte eigentlich eine Welle der Erleichterung und Freude mit sich gebracht haben - aber stattdessen begann eine seltsame und unerwartete Angst von meinen Gedanken Besitz zu ergreifen! Ich wollte gar nicht, dass die Probleme aufhörten! Ich hatte Angst davor, nicht mehr länger am Abgrund zu stehen – Angst vor dem tatsächlichen Erfolg, der sich am Horizont abzuzeichnen schien. Diese Schwierigkeiten waren die Tür gewesen, durch die ich eine Welt betreten hatte, in der Wunder tatsächlich geschehen und Gott real war! Aber wie sollte dies auch unter gewöhnlichen Umständen wahr sein? Würde ich mit der Leere eines gewöhnlichen Glaubens zurückbleiben, der sich mit wunderschönen Gebeten und Liedern über einen Gott zufrieden gibt, der sich weit weg im Himmel versteckt und darauf wartet, die Menschen mit dem Tod zu konfrontieren, aber keine wirkliche Rolle in ihrem Leben hier und jetzt spielt?«

Gott hatte Hunt gesagt, dass er durch Feuer und Wasser gehen müsse, und so geschah es auch nicht nur im übertragenen Sinne, sondern buchstäblich. Bei diesen Tragödien handelte es sich um gut getarnte Segnungen. Hunt hatte Gottes Handeln zu seinen Gunsten erlebt, und zwar auf eine Art und Weise, die jede Vorstellungskraft sprengt. Er hatte erlebt, dass unser Leben umso mehr mit der himmlischen Welt in Berührung kommt, je mehr wir auf den Herrn geworfen sind.

Der britische Bibellehrer Roy Hill kommentiert Psalm 66,12 folgendermaßen: »Wir mögen dazu berufen sein, durch Feuer und Wasser zu gehen. Diese Grundelemente des Lebens auf der Erde sprechen davon, dass das Volk Gottes es ertragen muss, hin- und hergeworfen zu werden. Es sollte uns nicht befremden, wenn wir leiden - tatsächlich sollte uns das eher das Gefühl der Sicherheit geben, weil der Weg des Herrn auch durch Leiden gekennzeichnet war. Das Wichtigste in solchen Umständen ist es nicht auszuweichen, sondern durch das Leiden hindurchzugehen. Nach diesen Prüfungen erwarten uns reicher Segen und Frieden. Da, wo es kein Kreuz gibt, kann es keine Krone geben.«[8]

Einige durchs Wasser, einige durch die Flut,
Einige durchs Feuer, aber alle durch Sein Blut;
Einige durch große Prüfung, aber Gott gibt Gesang
In Zeiten der Nacht und den ganzen Tag lang.

Du allein, o Herr

Ich war bei der Marine und saß dennoch auf dem Trockenen. Man hatte mich zur Lufttransportschwadron Drei abkommandiert, die beim Luftwaffenstützpunkt der Marine für Reservisten im Fairfax Distrikt von Kansas City stationiert war. Man schrieb das Jahr 1942 und die Vereinigten Staaten ließen ihre Muskeln im Zweiten Weltkrieg spielen.

Im Laufe meines Dienstes dort erhielt ich den Befehl zu einem vorübergehenden zusätzlichen Dienst in Oakland, Kalifornien. Ich sollte am Mittwoch, um 22.00 Uhr abfliegen. Es würde der erste Passagierflug meines Lebens sein. Flugreisen waren noch nicht sehr üblich zur damaligen Zeit. Rastlos ging ich in meinem Zimmer im Kansas City Club auf und ab. Das war eine geräumige und kostengünstige Unterkunft für Dienstpersonal. Meine Phantasie (besser gesagt: Besorgnis) machte Überstunden. Schließlich entschied ich mich, zur Abflugbasis zu gehen, um mehr über meinen Flug zu erfahren. Die Fluginformation war an der Wand des Raumes angeschlagen, in dem militärische Operationen geplant wurden. Mein Flugzeug war eine der ältesten DC-3 der Schwadron. Die Piloten behaupteten liebevoll, dass sie mit Bindedraht zusammengehalten wird. Dann bemerkte ich den Namen des Piloten. Er war einer der Grünschnäbel.

Wenn er schon ein Grünschnabel war, was war dann erst der Copilot? Nun gab es nur noch eine Sache zu erfragen, also ging ich in die Abteilung des Wetterdienstes.

»Wie ist das Wetter zwischen hier und Oakland?«

»Möchten Sie das wirklich wissen?« Der Ton seiner Stimme verhieß nichts Gutes.

»Ja, das möchte ich.«

»Nun, es ist total verkommen auf der ganzen Strecke.«

Nie zuvor hatte ich dieses Wort im Zusammenhang mit Wetter gehört, aber ich wusste, dass es nichts Gutes verhieß. Der Gedanke »Das Ende aller Dinge ist nahe« schoss mir durch den Kopf.

Vielleicht hatte der Mann Mitleid mit mir, als er sagte: »Gehen Sie zurück in Ihr Quartier und wir werden einen Transporter schicken, der Sie um 21.30 Uhr abholt.« Ich dachte, ein Leichenwagen wäre vielleicht angebrachter. Zurück in meinem Zimmer bekam ich großes Selbstmitleid und war mir sicher, dass mein letztes Stündlein geschlagen hätte. Nachdem ich zu lange in meinem Selbstmitleid geschwelgt hatte, begann ich dieses Selbstgespräch:

»Das ist lächerlich. Wo ist dein Glaube? Welch ein schwacher Bruder du bist! Was haben die Christen immer dann getan, wenn sie in einer misslichen Lage waren?«

»Ich vermute, sie haben das Wort Gottes aufgeschlagen. Aber ich wüsste nicht, wo ich das Wort Gottes aufschlagen sollte.«

»Nun, was lesen Gläubige für gewöhnlich, wenn

sie Trost und Erleichterung in ihren Ängsten suchen?«

»Ich vermute mal, sie würden die Psalmen aufschlagen. Aber ich weiß nicht, welchen der Psalmen ich lesen sollte.«

»Gut, warum fängst du nicht einfach von vorn an?«

Das tat ich dann auch. Ich las Psalm 1, fand aber nichts, was auf meine verzweifelte Lage anwendbar gewesen wäre. Ich las Psalm 2, aber ehrlich, es war nur schwarze Tinte auf weißem Papier. Jetzt kam Psalm 3. Auch dort konnte ich keinen Frieden für meinen aufgewühlten Geist finden. Erst als ich Psalm 4 las, stach ein Vers hervor, als wäre es eine Leuchtreklame. Es war Vers 8: *»In Frieden werde ich, sobald ich liege, schlafen; denn du, Herr, lässt mich, obschon allein, in Sicherheit wohnen.«*

Die Wahrheit dämmerte mir. Es war nicht das Flugzeug. Es war nicht der Pilot. Es war nicht das Wetter. Unsere Sicherheit liegt in Gottes Hand. An welchem besseren Ort könnte sie sein? Als der Transporter für mich kam, musste der Fahrer mich wecken. Psalm 4,8 war ein wunderbares Beruhigungsmittel für mich gewesen.

Als das Flugzeug abhob, legte ich meinen Kopf zurück und begann wieder zu schlafen. Es war phänomenal. Das Nächste, an das ich mich erinnern kann, ist die Ansage, dass wir in Oakland landeten.

Ein Veteran, ein ehemaliger Obermaat, saß neben mir und war verärgert, dass ich hatte schlafen können. Er erzählte mir, dass dies einer der schlimmsten Stürme gewesen war, die ihm in seiner Marinekarriere vorgekommen seien. Er hatte die

Blitze beobachtet, wie sie vom Blitzableiter auf der Hinterkante der Flügel abgeprallt waren. Den gesunden Schlaf konnte ich mir nicht selbst zuschreiben. Es war der Herr, der das ermöglicht hatte. Eigentlich hätte ich ein Nervenbündel sein sollen, aber er erfüllte mich im Schlaf mit Frieden.

Kann der Herr im Jahre 1942 durch einen Bibelvers reden, der Jahrhunderte zuvor geschrieben wurde? Sicher tat er das in jener Nacht. Und es war genau das, was ich brauchte.

21

Wahrer Stolz

Randy Norman war ein junger Offizier auf dem Flugzeugträger Coral Sea. Nachdem er zum Dienst an Bord gekommen war, gaben ihm einige Offiziere, die Christen waren, Zeugnis. Leutnant Norman war bereit. Er dachte zurück an eine Zeit, in der er nur knapp dem Tod entronnen war, und entschied sich, sein Vertrauen auf Christus zu setzen. Dramatische Veränderungen in seinem Lebensstil zeigten klar, dass seine Hingabe echt war.

Eine dieser Veränderungen war, dass er Gefallen am Wort Gottes fand. Als er die Bibel regelmäßig studierte, öffnete sie sich ihm und er wuchs beständig in seinem Leben als Christ. Die anderen Offiziere, mit denen er die Bibel studierte, lobten ihn und ermutigten ihn weiterzumachen. Für ihn war es eine aufregende Zeit, als der Herr ihm wunderbare Wahrheiten aus seinem Wort zeigte.

Die anderen wussten allerdings nicht, dass er langsam aufgeblasen wurde. Er entwickelte etwas, was man »Stolz auf die Gnade« nennen könnte. Selbstgefällig war er mit sich zufrieden, dass er in kurzer Zeit außergewöhnliche Fortschritte gemacht hatte. Das war nicht gut.

Noch immer erinnert er sich an den Tag, an dem Gott ihn hierüber beunruhigte. Er war in seine Kajüte auf der 4. Etage gegangen. Es war ein kleiner Raum, ungefähr so groß wie eine Gefängniszelle. Es gab eine Hauptkoje unten und ein provisorisches Stockbett darüber. Neben den Kojen gab es einen kleinen Schreibtisch. Und es gab einen Ständer, auf den man Kleider hängen konnte. Das war alles.

Als Randy nun nach einem ausgefüllten Arbeitstag hier an seinem Schreibtisch saß, begann er mit dem Herrn zu sprechen, indem er sein Herz darüber ausschüttete, wie unwohl er sich mit seiner Herzenshaltung - seiner aufgeblasenen Arroganz - fühlte. In der Gegenwart des Herrn wurde ihm bewusst, dass er nicht viel von der Bibel wusste. Es war sein schneller Fortschritt, der ihn dazu verleitet hatte, sich der Mutter aller Sünden hinzugeben. Also sagte er dem Herrn, dass er wisse, dass das nicht recht wäre, und bat den Herrn, zu ihm zu sprechen.

Er legte seine Bibel auf den Tisch und öffnete sie, wusste aber nicht, wo er lesen sollte. Tatsächlich musste er auch gar nicht suchen. Seine Augen wurden bereits von einem Vers gefesselt. Dieser Vers brachte ihn von seinem üblen Weg ab. Es war Galater 6,14: *»Mir aber sei es fern, mich zu rühmen als nur des Kreuzes unseres Herrn Jesus Christus, durch das mir die Welt gekreuzigt ist und ich der Welt.«*

Es war, als hätte jemand ihm ein Messer ins Herz gestoßen. Da saß er verurteilt und zerknirscht. Aber zur gleichen Zeit war es erhebend und aufregend, dass der Gott des Universums so persönlich und direkt zu ihm gesprochen hatte. Das bestärkte ihn in dem Wissen, dass sein Gott real war, und sich genügend um ihn sorgte, um individuell und zielgerichtet mit ihm zu sprechen.

Matsuzaki, der japanische Evangelist[9]

Es war William Cowper, der schrieb: »Gott beschreitet geheimnisvolle Wege, um seine Wunder zu wirken.« Das traf tatsächlich auf Matsuzaki, einen gewöhnlichen japanischen Christen zu, der ein leidenschaftlicher Seelengewinner war. Man könnte sagen, er war Evangelist, aber nie erlebte er die Freude, einen Menschen zu Christus zu führen. Es lag nicht daran, dass er nicht beharrlich das Wort Gottes gepredigt hätte. Sagte ich beharrlich? Tausendmal stand er spätabends an einer Straßenecke in Komatsu und verkündete dort die gute Nachricht der Errettung. Es wäre ermutigend gewesen, hätte jemand angehalten, um ihm zuzuhören, aber niemand tat es. Es wäre schön gewesen, wenn ein anderer Christ bei ihm gestanden hätte, um ihm ein gewisses Maß an Solidarität zu bekunden. Keiner tat es. Tausend Tage und nichts als Verachtung von den Passanten, die ihn den »Narren Christi« nannten. Die meisten waren Buddhisten und gingen zu einem der 48 Tempel in der Stadt.

Am 1012. Abend hielt jemand an, der zuhörte. Dieser Mensch stand im Schatten eines entfernten Laternenmastes, so dass Matsuzaki weder das Alter, Geschlecht noch das Aussehen erkennen konnte. Es war zu dunkel. Der Evangelist war total aufgeregt. Endlich war doch jemand stehen geblieben. Der Zuhörer hielt nicht nur inne, sondern kam die nächsten zehn Abende wieder, jedes Mal etwas näher heran. Dann erfuhr Matsuzaki, dass er Hogai hieß und in Kizu, einer Ortschaft etwa 10 Kilometer entfernt, wohnte.

Als sie einander kennen lernten, nahm die Geschichte ihren Lauf. Warum kam Hogai auf seinem Fahrrad, um dem einsamen Evangelisten zuzuhören?

Es war Winter, als Hogai mit einigen Freunden zum Stintfischen gegangen war. Sie fingen nichts, und alle außer Hogai gingen nach Hause. Er wollte es noch einmal versuchen, so warf er das Netz aus und holte es ein. Es waren keine Fische darin, aber zwei durchweichte Ausgaben einer Broschüre, die »Evangelium des Johannes« hießen. Er dachte, »das sind lustige Bücher«, und deshalb trocknete er sie an dem kleinen Kohlenfeuer auf dem Boot und begann, völlig willkürlich darin zu lesen. Er las Johannes 21,6:

»Werft das Netz auf der rechten Seite des Schiffes aus und ihr werdet finden.«

Hogai schloss, dass es sich hier um ein Buch übers Fischen handeln müsse, und so las er weiter:

»Da warfen sie es aus und konnten es vor der Menge der Fische nicht mehr ziehen.«

»Oh«, sagte er zu sich selbst, »ich glaube, ich sollte das Netz auf der rechten Seite des Bootes auswerfen.«

Das tat er dann auch. Als er das Netz einholte,

waren 20 kg Stint darin. Es war der Traumfang jeden Fischers.

Nun bleibt die Frage: »Wie kamen die zwei Ausgaben des Johannesevangeliums in den See?«

Wie das geschah, erfuhr Hogai später. Als Meiji Kaiser war, hatte die japanische Bibelgesellschaft das Evangelium in ganz Japan verteilt. Es wurde nicht gut aufgenommen. Die Menschen nannten es das »fremde Buch über Götter«. Einige verbrannten ihre Ausgaben. Einige stellten sie auf das Götter- und Ahnenbrett im Haus, weil es ein religiöses Buch zu sein schien und sie abergläubisch waren.

In diesem Sommer gab es eine Flut riesigen Ausmaßes. Häuser und Vieh wurden mitgerissen und die Gefahr von Seuchen bestand. Gerade zu dieser Zeit starb Kaiser Meiji. Die Menschen suchten eine Erklärung und gaben dem »fremden Buch über Götter« auf ihren Götterbrettern die Schuld. So kam es dazu, dass diese Bücher eingesammelt wurden, um sie zu zerstören. Die, die man nicht verbrannte, wurden in eine große Holzkiste gelegt und an der tiefsten Stelle des Sees versenkt. Die Leute reinigten die Ahnenbretter mit Salz und die Priester weihten sie von neuem.

Mit der Zeit verfaulte die Kiste und die Evangelien schwammen lose ans Ufer. Zwei von ihnen hatte Hogai in seinem Netz gefangen.

Als Hogai weiter im Evangelium las, erreichte die Botschaft sein Herz. Dann hörte er von diesem »Narren Christi« in Komatsu und fuhr hin, um ihn predigen zu hören. Welch eine Freude war es für den Evangelisten, jemanden zu haben, der dem Evangelium zuhörte. Und welche Freude, Hogai zum Heiland der Sünder führen zu dürfen. Dieser junge Fischer war die Erstlingsfrucht von über eintausend Nächten Predigens. Später wurde er eine Säule in der kleinen Gemeinde in Komatsu und war bis zu seinem Tod ein gutes Zeugnis für Christus.

Ganz persönlich

Nachdem George Christ geworden war, brauchte er nicht lange, um zu entdecken, dass die Welt gegenüber der Gnade nicht freundlich gesinnt ist. Der Zeitgeist war nicht gerade dazu angetan, ihm bei seinem Wachstum als Christ förderlich zu sein. Ganz im Gegenteil, seine Umwelt schien dazu bestimmt ihn herunterzuziehen. Täglich wurde er mit sinnlicher Verführung geradezu bombardiert, ob in Zeitungsanzeigen, auf Plakatwänden, in Zeitschriften, im Fernsehen oder durch die gängige Mode. Wie jeder Adamssohn war er der Erbe einer gefallenen Natur, die sich vom Müll dieser Welt ernährt.

Wenn man zu einer Gemeindestunde geht, weiß man nie, wie Gott einen direkt und persönlich ansprechen kann. Das passierte mit George. Der Prediger legte Römer 6,1 aus. Er las den ersten Vers vor: *»Was sollen wir nun sagen? Sollten wir in der Sünde verharren, damit die Gnade überströme?«*

Dann schlug er vor, dass jeder Zuhörer das »wir« durch ein »ich« ersetzen und eine bestimmte Gewohnheitssünde anstelle des Wortes »Sünde« einsetzen sollte. So würde der Vers zum Beispiel lauten: Was soll ich nun sagen? Soll ich in sündiger Lust verharren, damit die Gnade überströme?

Natürlich könnte die Sünde Habsucht, Stolz, Zorn, üble Nachrede oder Neid heißen. Der Vers sprach George mächtig an.

Der Redner ermutigte die Zuhörer, Schriftstellen auswendig zu lernen, damit sie diese zitieren könnten, wenn die ihnen bekannte Versuchung käme. George war hierauf vorbereitet. Es war noch nicht lange her, als ihn einige Verse aus Hiob 31 zutiefst beeindruckt hatten:

»*Einen Bund habe ich mit meinen Augen geschlossen. Wie hätte ich da auf eine Jungfrau lüstern blicken sollen? Denn was wäre dafür die Zuteilung von Gott droben gewesen und das Erbteil vom Allmächtigen in den Höhen? Ist nicht Verderben für den Übeltäter bestimmt und Missgeschick für die, die Unrecht tun? Sieht er nicht meine Wege und zählt all meine Schritte? ... Wenn mein Herz sich wegen einer Frau hat betören lassen und ich an der Tür meines Nächsten gelauert habe, dann soll meine Frau für einen anderen mahlen, und andere mögen über ihr niederknien! Denn das wäre eine Schandtat und das eine Schuld, die vor die Richter gehört. Ja, ein Feuer wäre es, das bis zum Untergang fräße und meinen ganzen Ertrag entwurzeln würde*« (V. 1-4.9-12).

In den darauf folgenden Jahren lernte George es, den Teufel durch das Zitieren dieser Verse abzuwehren. Der Böse ließ dann von ihm ab. Er erinnert sich an zwei bestimmte Vorfälle, als sie ihm halfen, Satan zu widerstehen.

Der erste ereignete sich, als George Kaplan bei der U.S. Marine war. Leutnant George Byrum wurde auf den Flugzeugträger U.S.S. John F. Kennedy abkommandiert. Als er in seine Kajüte kam, um die Ausrüstung zu verstauen, entdeckte er einige Pornohefte in einer Schublade. Er konnte sie nicht dort lassen. Wenn die Stewards kämen, um den Raum zu putzen, würden sie die Hefte sehen und sich wundern, was für ein Christ der Kaplan wohl wäre. Darüber hinaus könnten die Hefte eine Versuchung für die Stewards sein. Also mussten sie weg. Leutnant Byrum legte sie in eine Schachtel und brachte sie in die Schiffsabteilung, in der Abfall über Bord geschmissen wurde. Als einige Matrosen dort ein Wettschießen veranstalteten warfen sie die Schachteln über Bord und benutzten sie als Ziele für ihre Gewehrübungen. Als George sie beobachtete, hatten einige Matrosen die Hefte in der Schachtel entdeckt und ein Auge auf sie geworfen. Der Kaplan erklärte ihnen, die Hefte seien nicht für sie bestimmt, sondern zur Vernichtung. Sie waren bestürzt und enttäuscht, als die Hefte ins Wasser fielen. George ging in seine Kajüte, dem Herrn dankbar, dass die Bibelverse eine »Leuchte für seine Füße und ein Licht für seinen Weg« gewesen waren.

Der andere Vorfall ereignete sich 10 Jahre später, als George auf einem Amphibienangriffsschiff, der U.S.S. Trenton, diente. Der Golfkrieg war vorbei und das Schiff wurde nach Moorhead City in North Carolina zurückbeordert, um entladen zu werden. Es ging das Wort um, dass Verwandte der Mannschaft an Bord willkommen wären, um mit dem Schiff von Moorhead City zu seinem Heimathafen auf dem Wasserlandstützpunkt der Marine in Little Creek in Virginia zu fahren. Bei den Vorbereitungen für die Kreuzfahrt mit Gästen ordnete der Schiffskommandant an, dass alle pornographischen Darstellungen aus Kajüten und Arbeitsräumen zu verschwinden hätten.

Einige Tage später, als George in der Offiziersmesse zum Essen war, bemerkte er ein pornographisches Bild an der Wand der benachbarten Offiziersmesse. Die Verse, die er auswendig gelernt hatte, kamen ihm in den Sinn. Er schrieb die Botschaft von Hiob 31 auf ein Blatt Papier und klebte dieses dann quer über das Bild. Man konnte nur noch das Gesicht und Teile der Arme und Beine der abgebildeten Frau sehen. Die Offiziere wurden neugierig und gingen nach oben, um die Verse zu lesen. Einige lobten George für das, was er getan hatte. Andere wiederum waren nicht froh darüber. Schließlich riss einer nicht nur die Bibelverse, sondern auch das Poster von der Wand und warf es in den Abfall.

Das Wort Gottes ist mächtig. Es führt Gottes Volk die Wege der Gerechtigkeit und es tadelt und überführt diejenigen, die sich von Dreck nähren.

Befreit von der Knechtschaft[10]

Um einen Nervenzusammenbruch nachempfinden zu können, muss man einen erlebt haben. Du fühlst dich, als wärst du in einer Art Vorhölle und von jeglicher Hilfe oder Unterstützung abgeschnitten. Es scheint so, als hätte Gott dich verlassen. Freunde versuchen, dich zu trösten, aber ihre weisen Worte prallen leblos an dir ab. Du sehnst dich nach einer schnellen Lösung, aber es gibt keine. Die Leute kommen mit ihren Patentrezepten daher, aber sie helfen nicht. Der schlimmste Rat ist: »Warum hörst du nicht einfach damit auf?« - »Aufhören?«, nichts würdest du lieber tun als das, aber auch diese Worte tragen nur noch zu deiner Verzweiflung bei. Du bist so verwirrt, dass es sogar schwierig ist zu beten. Dein Denken dreht sich nur um dich selbst und um deine Situation. Du ertrinkst in einem Meer von Selbstmitleid. Die Sorgen anderer Leute berühren dich gar nicht. Du hast nur für dich selbst Zeit. Selbstmord mag vielleicht nicht für dich in Frage kommen, aber der Tod wäre schon willkommen.

Dies schildert den Zustand von Missionar Robert Cummings. Er litt darüber hinaus noch unter schrecklichen Zwangsvorstellungen mit gotteslästerlichen und sündigen Gedanken und unter der

Angst, nicht mehr gerettet zu sein. Als fachkundige Hilfe nicht helfen konnte, kehrte er in die Staaten zurück und verbrachte zwei Jahre in einer Nervenheilanstalt.

Dann sprach der Herr zu ihm nicht durch einen Bibelvers, sondern durch einen Liedvers. Als er sich vor dem Herrn im Gebet quälte, kamen ihm diese Worte in den Sinn:

Die Seele ist dunkel, das Herz ist wie Stein,
ich kann nichts erkennen, ich fühl mich allein
Um Licht und Leben kann ich nur schrei'n:
Herr, gib mir doch kindlichen Glauben.

So unglaublich es scheinen mag, der Friede, den er so lange gesucht hatte, erfüllte ihn jetzt. Die Angst verschwand aus seinem Herzen und er wurde mit Freude und Dankbarkeit erfüllt.

Als er noch auf Knien war, kam ihm ein anderes Lied in den Sinn. Der Originaltext lautet:

Aus meinen Fesseln, aus Dunkel und Not,
Jesus, ich komm. Jesus, ich komm.
In deine Freiheit, ins Licht, o mein Gott,
Jesus, ich komme zu dir!

Doch er sang das Lied mit Worten, die im Moment besser auf seinen Fall passten:

In meine Fesseln, in Dunkel und Not
Kommst du, Herr Jesus, zu mir,
brachtest mir Freiheit und Licht, o mein Gott.
Herr, ach wie danke ich dir!

Seine Ketten zersprangen. Die verdrehten Stränge in seinem Gehirn entwirrten sich. Diesmal benutzte der Herr keinen Bibelvers, sondern zwei Lieder, die biblische Wahrheiten enthalten.

»Wie unerforschlich sind seine Gerichte und unaufspürbar seine Wege!« (Röm 11,33).

Wie Gott beim Blumenbestellen half

Nachdem Joanie fünf Jahre lang in einem Blumengeschäft angestellt gewesen war, entschloss sie sich, das Geschäft zu kaufen. Das war ein großer Schritt für sie. Vorher konnte sie den Laden um 17 Uhr am Nachmittag verlassen und heimgehen, ohne sich Sorgen über die Entscheidungen machen zu müssen, die ein Geschäft so mit sich bringt. Aber nun musste sie Angestellte suchen und beaufsichtigen, die Miete und Nebenkosten tragen, entscheiden, welche Blumen sie jede Woche kaufen sollte und die erforderliche Menge ungefähr überschlagen.

Blumenbestellen war ein kitzliges Geschäft, besonders vor den Ferien. Bestellte man zu viel, blieb man auf den verwelkten Blumensträußen sitzen. Bestellte man zu wenig, büßte man eine Menge Einkommen ein. Natürlich hatte Joanie Aufstellungen über Verkäufe vergangener Jahre, aber auf diese konnte man sich in einer angespannten Marktsituation nicht immer verlassen.

Nachdem Joanie das Geschäft 3 Jahre gehörte, wurde sie Christ. Das war ein neuer großer Schritt. Nun musste sie das Blumengeschäft nach christlichen Grundsätzen führen. Sie hatte ein Zeugnis für den Herrn aufrechtzuerhalten. Aber dafür konnte sie jetzt Gottes Führung im Gebet suchen. Sie konnte sich auf ihn als Geschäftspartner verlassen. Sie war nicht länger auf Schätzungen und ihre Intuition angewiesen.

Bald kam eine Herausforderung auf sie zu, als sie für den bevorstehenden Valentinstag Blumen bestellen musste. Das war einer der besten Geschäftstage im Jahr. Es war der Tag, an dem die Kunden »es mit Blumen sagen« konnten. Dieses Jahr fiel der Valentinstag auf einen Samstag. Sie und die anderen Floristen in der Nachbarschaft machten am Donnerstag ein Mordsgeschäft. Die Frage war nun, sollte sie einen schnellen Einkauf beim Großhändler machen und ihr Inventar wieder auffüllen, oder sollte sie mit dem, was sie da hatte, zufrieden sein?

Sie suchte Jesus, ihren Partner, auf. Aber wie konnte er es ihr so kurzfristig sagen? Sie schlug die Bibel auf und bat ihn, sie zu führen, auch wenn die Bibel nicht im speziellen von Blumengeschäften handelt. Ihre Bibellese an diesem Tag war in 2. Mose, Kapitel 36. Sie konnte ein Lächeln nicht verkneifen, als sie las: *»Und alle Spenden reichten ihnen aus, um die Arbeit zu tun, so dass noch etwas übrigblieb«* (Vers 7).

Aufgrund dieses Verses entschied sie, keine weiteren Lagerbestände zu kaufen. Das Resultat war, dass sie am Samstag genug hatte, um alle Kundenwünsche erfüllen zu können, aber praktisch keine Überschüsse.

Als sie am folgenden Dienstag zum Großhändler fuhr, waren ihre Konkurrenten enttäuscht und verärgert. Sie hatten sich total verkalkuliert, als sie zusätzliche Ware für Freitag und Samstag gekauft hatten, und die Blumen waren jetzt nur noch ein schwacher Abglanz ihrer selbst. Nun waren sie für die Mülltonne bestimmt, Hunderte von Dollars an Wert.

Interessiert sich Gott für Blumen? Offensichtlich schon. Er hat sie mit solcher Kunstfertigkeit entworfen, dass Salomo in all seiner Pracht nicht gekleidet war wie eine von ihnen (Mt 6,29). Ist Gott an den irdischen Geschäftsangelegenheiten seiner Kinder interessiert? Natürlich, er kommt gerne denen zu Hilfe, die ihn in einfachem Glauben vertrauensvoll bitten und die seine Führung in Angelegenheiten suchen, die vielleicht zu belanglos erscheinen, als dass er sich darum kümmern würde.

26

Der Friede, der allen Verstand übersteigt[11]

Oberstleutnant Lyndon Wilms war auf dem Luftstützpunkt einer entlegenen Insel der Aleuten stationiert. Seine Aufgabe war es, Aufklärungsflugzeuge zu fliegen. Das war eine interessante Tätigkeit. Er fühlte sich aber manchmal einsam, vor allem, wenn er an seine Familie dachte, die weit weg im Süden lebte. Vor acht Monaten hatte seine Frau Drillinge bekommen, deren Gesundheitszustand so ernst war, dass die Drillinge dem gesamten Personal des örtlichen Militärkrankenhauses gut bekannt waren. Die kleine Lindsay gab Anlass zu besonderer Sorge; ihre Gesundheit war sehr schwach.

Als Oberstleutnant Willms einen Tag frei hatte, beschloss er, einen Lesetag einzulegen. Er bereitete sich auf sein Diplom vor. Um 10 Uhr morgens läutete das Telefon. Er dachte, dies wäre ein Befehl, die Flugtruppe auf ihren Einsatz vorzubereiten, aber die Stimme hörte sich weit entfernt an. Es musste sich um einen Anruf vom Festland handeln. Und tatsächlich war es ein Arzt, der von der Notaufnahme des Krankenhauses aus anrief und schlechte Nachrichten hatte. Der Colonel dachte sofort: »Es geht um Lindsay. Es ist ihr etwas zugestoßen.« Aber nein! Der Arzt sagte: »Ich muss ihnen leider mitteilen, dass Ihr Sohn Kaleb gestorben ist.«

Willms war wie vom Donner gerührt, verwirrt und vom Kummer gebeugt. In seinem Kopf rasten die Gedanken, um sich einen Reim darauf zu machen, was passiert war. Der Arzt erklärte ihm, dass es sich um einen Fall von plötzlichem Kindstod handle. Aber der Vater, von Schmerz betäubt, wollte es einfach nicht wahrhaben. Seine Frau kam ans Telefon, um ihn zu trösten und ihm zu versichern, dass mit ihr alles in Ordnung sei. Gott segne diese Frau für solch eine Haltung und solchen Mut. Wie wünschte er sich, in dieser schweren Zeit bei ihr sein zu können! Die Nachricht verbreitete sich wie ein Lauffeuer unter dem Personal des Luftfahrtstützpunktes und sie unternahmen alles, um es dem Oberstleutnant zu ermöglichen, zu seiner Familie zu kommen. Ein Mannschaftsmitglied bot sich an, ihn zu vertreten. Eine Tankermannschaft, die auf einem anderen Stützpunkt stationiert war, flog durch gefährliches Wetter, um ihn abzuholen. Am späten Nachmittag war der Oberstleutnant der einzige Passagier in dem Tankerflugzeug auf dem Weg nach Hause.

Er kroch in eine der Mannschaftskojen, legte sich hin, um sich, wie er sagte, in seinem Selbstmitleid zu ergehen. Lassen wir ihn erzählen:

»Ich dachte über die vielen Kämpfe nach, durch die Kaleb gegangen war und wie schnell er uns verlassen hatte. Warum hatte Gott ihn nicht gelassen und ihn geheilt? Warum musste unsere Familie durch noch mehr Leid gehen? Ein Kind zu verlieren, das war so, als ob jemand ein Loch in mein Herz gerissen hätte, und dieses Loch war nicht zu heilen.«

In diesem Augenblick sprach Gott zu dem verwundeten Offizier. Es war keine hörbare Stimme, nur die tröstenden Worte aus Johannes 14,27:

›*Den Frieden lasse ich euch, meinen Frieden gebe ich euch; nicht wie die Welt gibt, gebe ich euch. Euer Herz werde nicht bestürzt, seid auch nicht furchtsam.*‹

Ein übernatürlicher Friede strömte in sein Herz. Jemand beschrieb solch einen Frieden wie folgt: »Ich fühlte, als ob Gott mich mit seinem Frieden völlig umschlossen hätte. Das war nicht selbst herbeigeführt. Es war etwas außerhalb meiner selbst. Sein Frieden umgab mich wie eine Festung und es war ein Friede, der jeden Verstand überstieg.«

Als Willms erst einmal zu Hause angekommen war, erfuhr er die Einzelheiten. Kaleb hatte normal geatmet und dann ohne erfindlichen Grund damit aufgehört. Seine Mutter rief den Notruf an. Ein Nachbar, der Sanitäter ist, hörte den Anruf und eilte zu dem Haus. Er und die anderen Sanitäter, die schnell kamen, intubierten das Kind, das wieder atmete. Sie fuhren ihn so schnell sie konnten ins Krankenhaus und begannen vorsichtig, sich zu freuen.

Sofort kamen christliche Freunde in der Notfallabteilung an, um die ängstliche Mutter zu unterstützen. Aber nichts, was die Ärzte auch taten, half. Der kleine Kaleb entglitt ihnen, um bei Jesus zu sein. Ein Pfleger hatte Tränen in den Augen, als er den kleinen Jungen ins Leichenschauhaus trug.

In einer Zeit wie dieser sind wir alle versucht zu fragen: »Warum?« Und dann hören wir den Herrn sagen: *»Was ich jetzt tue, verstehst du jetzt nicht, aber du wirst es danach erfahren«* (Joh 13,7). Jahre später konnte Colonel Willms zurückschauen, wie Gott Kalebs kurzes Leben und seinen plötzlichen Tod benutzt hatte. Er schrieb:

»Er war nur für einen Augenblick, einen Atemzug lang bei uns gewesen, und dann war er weggegangen. Kaleb berührte das Leben vieler Menschen im Krankenhaus und in der Gemeinde, als er um sein Leben rang. Sein Tod brach das Herz seines Großvaters und führte ihn zu Jesus. Ich durfte einen schwer kranken Patienten mit Kalebs Geschichte trösten. Durch den kurzen Atemzug, der Kaleb hieß, gab auch der Vater dieses Kranken sein Leben dem Herrn Jesus.«

Gott macht keine Fehler!

Zurückblicken

Hier geht es um die zwei größten Geheimnisse des Lebens. Das eine handelt davon, wie weit du von Christus entfernt sein und doch zu ihm gehören kannst. Das andere handelt davon, wie nahe du ihm sein kannst und trotzdem noch verloren bist.

Der in Sünde gefallene Petrus steht für den ersten, Judas, der Verräter, ist das klassische Beispiel für den zweiten Fall.

Diese Geschichte handelt von einem Mann namens Hugh, einem wiedergeborenen Gläubigen, der sich weit von der Herde des guten Hirten entfernt hatte und dennoch wiederhergestellt wurde und in Heiligkeit, Frieden und Zufriedenheit lebte.

Hugh wurde in einer frommen christlichen Familie erzogen und kam mit 23 Jahren zum lebendigen Glauben. Er hatte ein fundiertes Bibelwissen, diente seinem Herrn aktiv und wurde von allen, die ihn kannten, geliebt und geschätzt. Er heiratete Marion, ein hervorragendes christliches Mädchen, und die beiden hatten drei Kinder. Seine Leidenschaft für den Dienst führte ihn dazu, an einem Jüngerschaftsprogramm teilzunehmen.

Durch dieses Programm ermutigt, hatte er das starke Verlangen, dem Herrn in seiner Heimatgemeinde vollzeitlich zu dienen. Doch die Ältesten waren da anderer Meinung. Wahrscheinlich hatten sie Angst, dass ein Keil in die Gemeinde getrieben würde und dieser Ein-Mann-Dienst zu einer Art klerikalem System werden könnte. Hugh war durch ihre Ablehnung frustriert und enttäuscht.

Er tat weiterhin seinen Dienst am Wort, aber seine negativen Gefühle nahmen immer mehr zu, als er erkannte, dass er aus all seiner Arbeit keine Früchte erntete. Er war entmutigt.

Als er von einem Freund hörte, der durch eine verzweifelte und schwierige Zeit ging, beschloss Hugh, ihn zu besuchen, um ihm eine Hilfe zu sein. Aber er traf dort auf eine Flut von Zweifel, Leugnung und Zynismus über Dinge wie Familie, Gott und das Leben im Allgemeinen. Bald wurde ihm klar, dass sein Freund Kokain nahm. Zu dieser Zeit wurde Hughs Glaube irgendwie erschüttert. Hugh wollte auch etwas Kokain nehmen, besann sich dann eines Besseren und betrank sich. Schon seit 6 Monaten war er nun Gelegenheitstrinker und es war keine große Sache für ihn, das Wochenende mit der Flasche zu verbringen.

Als Hugh ein Haus in einer 20 km entfernten Stadt kaufte, kaufte er auch zum ersten Mal ein Fernsehgerät für sie. Zurückblickend sind sich sowohl Marion als auch er darüber einig, dass dies zu seinem geistlichen Niedergang beitrug.

Zu diesem Zeitpunkt schloss ihn seine Gemeinde von jedem öffentlichen Dienst aus, und die Mission, für die er gearbeitet hatte, ließ ihn gehen. Hugh verließ die Gemeinde. Und nun entwickelten sich die Dinge in schwindelerregendem Tempo abwärts.

Ein anderer Besuch trug ebenfalls zur Katastrophe bei. Einer seiner Freunde, verheiratet und Vater von fünf Kindern, hatte sich von seiner Frau getrennt. Dieser Mann hatte begonnen, Kokain zu nehmen. Hughs Abwehrmechanismen funktionierten nicht mehr. In dieser Nacht begann er auf kürzestem Weg sein Leben in der Sucht.

In den folgenden Jahren konsumierte er Marihuana, Alkohol, Kokain und manchmal auch Heroin. Oft verbrauchte er zwischen 200 und 600 Dollar in einer Nacht. Um seine Sucht zu finanzieren, verkaufte er Drogen und mischte sich unter die Kriminellen der Stadt. Er verkaufte seine Bibliothek christlicher Literatur und verpfändete seine geliebte Gitarre, um sein Verlangen zu stillen. Mit seinem langen Haar, das er als Pferdeschwanz trug, konnten seine christlichen Freunde ihn nicht mehr erkennen.

Zuerst war Marion geschockt und konnte einfach nicht glauben, was da vor sich ging. Nur Gott kennt ihre Nächte der Angst und Tränen. Aber sie versicherte ihm immer wieder ihre Liebe und gab nie die Hoffnung auf, dass er umkehren würde. Erst als sie keine Veränderung sah, stellte sie ihm ein Ultimatum: Ändere dich, oder geh! Er ging.

Hugh trat forsch auf, aber in Wirklichkeit verbrachte er schlaflose Nächte. Dann wurde er von Bibelversen verfolgt, die ihm in den Sinn kamen und ihn mit aller Macht überführten. Einige davon waren Verse, die er schon lange vergessen zu haben glaubte. Es war, als ob der Herr zu ihm spräche, so wie er zu Elia gesprochen hatte: »Was machst du hier?« Die Bibel ist wahr, das erkannte er an, *»der Weg der Treulosen ist ihr Unglück«* (Spr 13,15).

Einmal lag er nach einer Woche Partyfeierns im Bett und dachte über seinen sündigen Zustand nach. Seine Gedanken wanderten zum Kreuz, wo er einen Mann erkennen konnte, der eine Dornenkrone für Jesus flocht. Vielleicht war dies derselbe Mann, der diese auf den Kopf des Heilands presste, nachdem er seine eigenen Hände mit der Krone blutig zerstochen hatte? In diesem Augenblick traf ihn Römer 6,12: *»So herrsche nun nicht die Sünde in eurem sterblichen Leib, dass er seinen Lüsten gehorche.«* Der Heilige Geist sagte: »Hugh, du bist niemand anderes als dieser Mann. Er ließ die Sünde in seinem sterblichen Leib herrschen.«

Dann erinnerte er sich an die Geschichte von der Seeschlacht, bei der der besiegte Admiral auf das Deck des feindlichen Flakschiffes kam, auf den siegreichen Admiral zusteuerte und ihm seine rechte Hand entgegenhielt. Der Sieger entgegnete: »Zuerst Ihr Schwert, Sir.« Das sagte der Herr nun auch zu ihm: »Lege die Waffen deiner Rebellion nieder.«

In den zwei darauf folgenden Jahren ließ der Herr Hugh nie allein. Er verfolgte ihn beständig mit dem Wort Gottes. Einmal kam Psalm 28,1 mit Gewalt über ihn: *»Wende dich nicht schweigend von mir ab, dass du nicht gegen mich verstummst und ich nicht denen gleich werde, die in die Grube hinabfahren!«* Der Heilige Geist sagte: »Dein Leben, wie es jetzt ist, unterscheidet sich in nichts von denen, die zur Hölle gehen.«

Auch wenn Selbstmord nie für ihn in Frage

kam, erkannte Hugh doch, dass er ganz unten war. Ihm blieb nichts mehr übrig, als aufzugeben und zu sterben. Die Kombination aus Hepatitis C und Alkoholismus würde eine Leberzirrhose hervorrufen und er würde so oder so sterben.

Marion gab nie auf. Von Zeit zu Zeit lud sie Hugh sonntags zum Essen ein. Wahrscheinlich motivierte ihn das zu einem reineren Leben, und zu gegebener Zeit kehrte er nach Hause zurück, um bei seiner Familie zu leben. Er war aber immer noch nicht bereit, dem Herrn nachzufolgen.

Als er eines Nachts von der Arbeit nach Hause fuhr, kam er an einer lutherischen Kirche vorbei, die auf ihrer Anschlagtafel folgende Botschaft hatte: »Egal, wie weit du auf einem falschen Weg gegangen bist, kehre um.« Die Zeit dazu war gekommen.

Als er am folgenden Morgen im Bett Psalm 51 las, schien es, als wolle der Heilige Geist Hughs Gesicht in das Kissen drücken. Er las: *»Gegen dich, gegen dich allein, habe ich gesündigt und getan, was böse ist in deinen Augen.«* Es wurde ihm klar, dass er bewusst und rebellisch gegen Gott gesündigt hatte. Als er vor dem Herrn Buße tat, erhob er seinen Kopf von dem Kissen und erinnerte sich an Psalm 3,3: *»Du aber Herr, bist ein Schild um mich her, meine Ehre und der mein Haupt emporhebt.«*

Was nun folgte, war die Wiederholung des Gleichnisses vom verlorenen Sohn - sein Bekenntnis aus ganzem Herzen, die Vergebung seines Vaters, das beste Feierkleid, der Ring, die Sandalen und das Festmahl.

Der Tag kam, an dem Hugh, Marion und die

Kinder in der vordersten Reihe in der Gemeinde saßen. Hugh stand auf, bekannte öffentlich seine Schuld und bat um die Vergebung seiner Glaubensgeschwister. Es braucht nicht erwähnt zu werden, dass er sie bekam.

Gott missverstanden[12]

Es war eine Zeit, in der viele junge Menschen auf der Suche nach sich selbst in der Welt herumreisten. Auch Benedikt war unterwegs, aber er wollte Gott finden. Als er nach Pakistan kam, traf er »zufällig« einen jungen Mann, den er schon aus der Schweiz kannte. Auch wenn sein Gefährte kein Gläubiger war, hatte er Benedikt tatsächlich ein Neues Testament gegeben. Die beiden entdeckten nun, dass sie ein gemeinsames Ziel hatten, nämlich Jesus aus ganzem Herzen kennen zu lernen. Sie wollten radikale Jünger des Herrn sein.

Sie lebten unter einigen pakistanischen Christen und lasen fleißig in der Bibel mit dem Entschluss, ihr ohne Kompromisse zu gehorchen. Sie würden sie nicht verwässern. Eines Abends lasen sie in Matthäus 10: *»Verschafft euch nicht Gold noch Silber noch Kupfer in eure Gürtel, keine Tasche auf den Weg, noch zwei Unterkleider, noch Sandalen, noch einen Stab; denn der Arbeiter ist seiner Nahrung wert.«*

Das schien klar genug zu sein. Schnell überschlugen sie ihre Besitztümer. Sie sollten ein Unterkleid und keine Sandalen haben. Der erste Teil war einfach, denn die einzigen Kleider, die sie hatten, trugen sie am Leib. Aber sie hatten ein Paar Schuhe und so warfen sie diese weg. Und sie hatten 100 Dollars in Reiseschecks. Was sollten sie mit diesen machen? Schließlich kamen sie zu dem Schluss, dass es eine gute Lösung wäre, das Geld in pakistanische Rupien umzutauschen und es an die Bettler zu verteilen.

Am nächsten Tag trampten sie und ließen sich in einer moslemischen Moschee für die Nacht nieder. Es war ein Luxus, Matten auf dem Boden und ein Dach über dem Kopf zu haben. Sie müssen gut geschlafen haben in dieser Nacht, denn am Morgen waren ihre 100 Dollar weg. Ihr Geld und ihre Pässe waren gestohlen worden. Als sie zur Polizeistation gingen, bekamen sie ihre Pässe zurück. Was das Geld angeht, so freuten sie sich, dass der Herr ihnen diese Last abgenommen hatte.

Nun ging es weiter ohne Schuhe, ohne Proviant, ohne Geld, aber war das ja nicht gerade das, was die Bibel ihnen auftrug? Eines Nachts schliefen sie in einem Kiefernhain. Am Morgen hatten sie kein Frühstück. Zwischen 3 und 4 Uhr nachmittags, schleppten sie sich müde und hungrig dahin, als ein Mann auftauchte und sie einlud, ihm zu folgen. Er führte sie zu einem Tisch, der unter dem Gewicht des Essens, das auf ihm stand ächzte, und lud sie zum Essen ein. Dann, als sie sich satt gegessen hatten, sagte er: »Auf Wiedersehen. Gebt auf euch Acht.« Die beiden Gefährten setzten ihren Weg in der Gewissheit fort, dass der Herr für sie gesorgt hatte.

Nun, was sollen wir über diese ganze Erfahrung denken? Hatten sie Recht, als sie die Worte aus Matthäus 10 wörtlich nahmen? Sollten sie wirklich mit nichts als den Kleidern am Leib weitergehen? Hatte da wirklich Gott zu ihnen gesprochen?

Eine gründliche Interpretation des Abschnitts

hätte ihnen gezeigt, dass diese Anweisungen an Jünger gerichtet sind, die wahre Gläubige sind. Das traf auf sie zu diesem Zeitpunkt noch nicht zu.

Sie hätten auch verstanden, dass es sich um eine zeitweilige Verpflichtung handelte, die für die Zeit gedacht war, in der die Jünger mit dem Herrn Jesus während seines Dienstes hier auf der Erde lebten. Er würde alle ihre Bedürfnisse stillen.

Sie hätten aus Lukas 22,35-36 erkannt, dass diese Verpflichtung später aufgehoben wurde: Jesus sagte: *»Als ich euch ohne Börse und Tasche und Sandalen sandte, mangelte euch wohl etwas? Sie aber sagten: Nichts. Er sprach nun zu ihnen: Aber jetzt, wer eine Börse hat, der nehme sie und ebenso eine Tasche, und wer nicht hat, verkaufe sein Kleid und kaufe ein Schwert.«*

Aber trotzdem birgt die Erfahrung, die Benedikt und sein Freund gemacht haben, eine überwältigende Lektion für uns, die wir auf keinen Fall verpassen sollten. Der Herr fand zwei junge Männer, die ein leidenschaftliches Verlangen hatten, ihm zu gehorchen, und die entschlossen waren, seine Lehren wörtlich zu nehmen. Dies erregte so sehr sein Wohlgefallen, dass er die Regeln der Textauslegung für einen Augenblick außer Kraft setzte und sich ihnen auf unmissverständliche Art und Weise offenbarte.

Lass die Toten ihre Toten begraben

Steve lebte mit seiner Familie in Ontario, als das erste Anzeichen eines körperlichen Leidens auftauchte. Seine rechte Hand und sein Unterarm wurden so steif, dass das Tippen auf seinem Computer unangenehm wurde. Er dachte, dass es sich um eine vorübergehende Erscheinung handelte, und unternahm nichts deswegen. Als von Zeit zu Zeit sein rechter Daumen und Zeigefinger bei Stress oder Erregung zu zittern begannen, drängte ihn seine Frau, Kim, zum Arzt zu gehen.

Es dauerte einige Monate, bevor er einen Termin bei seinem Hausarzt bekommen konnte. Mittlerweile trat das Zittern häufiger auf. Der Arzt vermutete eine Art Karpaltunnelsyndrom und überwies Steve für eine Reihe von Untersuchungen zum Neurologen. Die Diagnose lautete, dass Steve eine Art »tremor essentialis« hatte. Dies ergab allerdings keinen Sinn, da »tremor essentialis« vererbt ist und sich nur bei Bewegung äußert. Es gab in Steves Familie diese Krankheit nicht und sein Zittern trat nur dann auf, wenn seine Hand in Ruhe war.

Bei einem Besuch bei seiner Mutter in Vancouver hielt Steve »zufällig« beim Büro der Parkinson Vereinigung von British Columbia an. Eine Frau in dem Büro sagte, dass Parkinson gewöhnlich ältere

Menschen befällt, aber einer von zehn Patienten sei unter 40 (Steve war 36). Sie gab ihm einen Stapel Bücher und Hefte mit, die in Steves Fall alle auf Parkinson hindeuteten. Er zitterte, wenn er in Ruhestellung war, wurde steif, war bei Bewegung verlangsamt, hatte eine kleinere Handschrift, weniger Armbewegungen beim Gehen und einen Verlust des Geruchssinns. Die Frau nannte Steve den Namen eines Neurologen in Toronto, der auf Bewegungsstörungen spezialisiert war. Als Steve einen Termin bei ihm hatte, diagnostizierte der Arzt bei ihm sofort einen klassischen Fall von früh einsetzender parkinsonscher Krankheit.

Seine Frau schlug vor, nach Vancouver zu ziehen, um in der Nähe der Familie zu sein. Aber das schien fast undenkbar. Unter Berücksichtigung seines körperlichen Zustands schien es sehr fraglich, ob ein neuer Arbeitgeber ihn einstellen würde. Die Lebenshaltungskosten in Vancouver waren verglichen mit denen in Kitchener unerschwinglich, und wie sollte er in Vancouver Arbeit finden, während er immer noch in Kitchener arbeitete? Doch als eine Antwort auf ihr Gebet verschwanden diese scheinbar unüberbrückbaren Hindernisse eins nach dem anderen. Steve fand trotz seiner Krankheit eine Arbeitsstelle - und das trotz seiner sehr geringen Erfahrung auf dem Versicherungssektor, wo er nun arbeiten sollte. Das Gehalt übertraf seine kühnsten Vorstellungen; es war um 15% höher, als das Spitzengehalt seiner Position und das Doppelte von dem, was er in Kitchener verdient hatte. Der neue Arbeitgeber war bereit, 20.000 Dollar Umzugskosten zu übernehmen. Zum Sozialpaket der Firma gehörte eine langfristige Behindertenförderung ohne jegliche »Ausnahmeregelung bei bereits bestehender Krankheit«.

Die Wolkensäule führte sie zurück nach Vancouver, und zwar zu einer Zeit, in der Steves Mutter an Leukämie erkrankte. Die Teile des Puzzles passten genau zusammen. Lassen wir Steve die Geschichte erzählen:

»Als die Krankheit bei meiner Mutter fortschritt, war unsere größte Last selbstverständlich das Heil ihrer Seele. Obwohl sie und ich all die Jahre hindurch öfter darüber diskutiert hatten, dass sie Christus brauche und ich ein echtes Überführtsein durch den Heiligen Geist beobachtet hatte, vermied sie das Thema in den letzten Monaten, weil es sie zutiefst aufwühlte und sie es ›hasste zu heulen‹. Doch als ihre jüngere gläubige Schwester mit ihr über die Beerdigungsvorbereitungen sprach, sagte sie, dass sie durch meine und Kims Gemeinde beerdigt werden wolle. Wir baten eine Krankenschwester, die in der Gemeinde arbeitete, sie zu besuchen. Diese Frau überzeugte Mutter mit viel Einfühlungsvermögen von der tiefen Liebe Christi zu ihr und von seinem innigen Wunsch, mit ihr durch den Tod in sein Königreich zu gehen. Mutter drückte aus, dass sie sich unwürdig fühle, Gottes Gnade anzunehmen (ein Wunder für sich für eine stolze Person), und nahm darauf Christus demütig an. Einen Monat später verließ sie diese Welt, um bei Christus zu sein.«

Steve und Kim hatten keinen Zweifel daran, dass der Herr sie eigens für diese Zeit nach Vancouver zurückgebracht hatte.

Nun sollten wir innehalten, um zu erklären, dass Steve und Kim während ihrer ganzen Ehe hindurch dem Herrn aktiv gedient hatten. Sie hatten sich bei einer Gemeindeneugründung in Kitchener engagiert. Sie hatten tiefe Wurzeln in Gott. Sie hatten ihn in einem Leben des Glaubens bezeugt. Sie glichen dem Mann in Lukas 6,48, *»der sein Haus baute, grub und vertiefte und den Grund auf den Felsen legte. Als aber eine Flut kam, stieß der Strom an jenes Haus und konnte es nicht erschüttern, denn es war auf den Felsen gegründet.«*

Als die Krankheitssymptome sich verschlimmerten, wurde Steve klar, dass er seine wöchentliche Arbeitszeit auf eine 4 Tage Woche reduzieren musste. Erstaunlicherweise stimmte sein Arbeitgeber dieser neuen Regelung ohne jegliche Gehaltskürzung zu! Gott war treu, wenn es darum ging, allen finanziellen Bedürfnissen zu begegnen. Dann eröffnete eine unerwartete Erbschaft Steve und Kim eine neue Möglichkeit. Eine Frührente wurde möglich und Steve bat Gott um Führung; 1. Korinther 7,21 wurde ihm lebendig: *»Bist du als Sklave berufen worden, so lass es dich nicht kümmern; wenn du aber frei werden kannst, mach umso lieber Gebrauch davon.«*

Eine andere Textstelle war ebenfalls die Stimme Gottes an die beiden: *»Jesus aber sprach zu ihm: Lass die Toten ihre Toten begraben, du aber geh hin und verkündige das Reich Gottes.«*
Zu jener Zeit las Steve einen Kommentar zu diesem Vers:

»Es gibt gewisse Dinge, die die geistlich Toten genauso gut tun können wie dic Gläubigen. Aber es gibt andere Dinge im Leben, die nur ein Gläubiger tun kann. Sieh zu, dass du dein Leben nicht damit verbringst, Dinge zu tun, die ein unbekehrter Mensch genauso gut tun könnte. Lass die geistlich Toten die körperlich Toten begraben. Aber was dich anbelangt - sei unersetzlich. Die Hauptaufgabe deines Lebens aber soll es sein, meine Sache auf der Erde voranzubringen.«

Steve sah eine Gelegenheit, sich aus den Begrenzungen, Zwängen und Hindernissen zu befreien, die eine Berufstätigkeit zweifellos mit sich bringt. Er sagte: »Ich möchte im Glauben aus der Arbeit aussteigen und vertrauen, dass Gott mich nach seinem Plan zu meinem Lebenssinn führt. Ich weiß nicht genau, was vor mir liegt, aber Gott hat sich ohne Zweifel als treu und vertrauenswürdig erwiesen, und ich freue mich darauf, den Rest meines Lebens nur für ihn zu leben, weil er es wert ist. *»Und er ist für alle gestorben, damit die, welche leben, nicht mehr sich selbst leben, sondern dem, der für sie gestorben und auferweckt worden ist«* (2Kor 5,15).

Ein unwahrscheinlicher Bibelvers[13]

Ravi Zacharias ist als christlicher Apologet bestens bekannt, als einer, der *»den ein für allemal den Heiligen überlieferten Glauben«* verteidigt. Er tat seinen weltweiten Dienst besonders im Bereich der Universitäten, indem er Angriffen auf das Christentum und weltlichen philosophischen Argumenten entgegentrat.

Ravi wurde in Indien geboren und erzogen. Sein Vater arbeitete für die Regierung. Das hätte ein bequemes Leben ohne Unsicherheit und Stress bedeuten können. Aber Ravi musste durch viele Kämpfe hindurchgehen; einschließlich dem, was er »akademische Konkurrenz in einer äußerst vielschichtigen Kultur« nannte.

Als er in New Delhi lebte, kam er mit 17 Jahren zu der Schlussfolgerung, dass das Leben für ihn keinen Sinn hatte. Also versuchte er, Selbstmord zu begehen, indem er Gift schluckte. Sofort wurde er ins Krankenhaus eingeliefert und gerettet.

Als er wieder zu Kräften kam, gab ihm ein Freund ein Neues Testament. Das war vom Herrn geführt. Da Infusionen in seinen ausgetrockneten Körper eingeflößt wurden, hatte er kaum genügend

Kraft, das Buch zu halten. Also las es ihm jemand vor. Als er bei Johannes 14,19 ankam: »*Weil ich lebe, werdet auch ihr leben*«, geschah eine Wende in Ravis Leben. Er berichtet später selbst davon: »Was auch immer diese Bibelstelle sonst noch bedeuten mochte, ich wusste: Es geht um mehr als körperliches Leben. Ich sagte: ›Das ist das Leben, nach dem ich mich gesehnt habe.‹ Ich übergab mein Leben dem Herrn Jesus Christus und blickte niemals zurück – außer, um mich daran zu erinnern, wie er mich gerettet und ein neues Lied in mein Herz gegeben hat – einen neuen Hunger, neues Verlangen, neues Leben.«

An diesem Punkt mögen einige meiner Leser einwenden: »Na ja, das ist aber eine komische Bekehrung. In Johannes 14,19 kommt nicht ein Wort über das Evangelium vor. Die Gnade, der Glaube, das Kreuz, das Blut Christ oder sein stellvertretender Tod werden nicht einmal erwähnt.« Diese Denkweise verrät eine allgemeine Vorstellung, der Herr müsse Verse wie Johannes 3,16, Johannes 3,36, Johannes 5,24 oder Römer 10,9 gebrauchen, wenn es zu einer Bekehrung kommen soll.

Aber Tatsache ist, dass Gott souverän ist. Er kann die unwahrscheinlichsten Verse gebrauchen, um zu hungrigen Herzen zu sprechen und sie zum rettenden Glauben an den Herrn Jesus zu führen. Wir müssen Gott Gott sein lassen und uns freuen, wenn der Heilige Geist Verse nimmt, die gar nicht evangelistisch zu sein scheinen, und diese entgegen jeder Erwartung gebraucht.

Ravi Zacharias berichtet weiter:

»Er legte einen neuen Hunger in mein Herz - einen Hunger nach Gott selbst. Davor war ich mehr um Erfolg besorgt, gute Noten und Karriere. Unablässig dachte ich darüber nach, was andere wohl über mich dächten. Gott lenkte meine Aufmerksamkeit wieder auf ihn selbst. Ich wusste, dass es sich hier nicht um eine Art Motivationstherapie handelte, sondern um eine neue Art Beziehung. Es gibt einen Unterschied zwischen jemandem, der nach Liebe hungert, und jemandem, der die Liebe gefunden hat. Gott legte diesen großen Hunger nach ihm in mein Herz, auch wenn ich wusste, dass ich in ihm bereits damit begonnen hatte, gefüllt zu werden. Bevor ich diese Bibelstellen hörte, war ich total leer. Nun hatte ich durch die Person Jesu Christi gehört, wie ich gefüllt werden könnte.«

Ravis Erfahrung ist ein Beweis dafür, dass Gott manchmal auf eine Art und Weise durch sein Wort zu Menschen spricht, die man nicht in Büchern findet mit Titeln wie »Wie man eine Seele für Christus gewinnt«.

Dient dem Herrn mit Freuden[14]

Die Burnhams waren zu einer Insel auf den südlichen Philippinen aufgebrochen, um ihren 18. Hochzeitstag zu begehen. Sie hatten ihre drei Kinder bei befreundeten Missionaren in der Missionsstation zurückgelassen. Schon 16 Jahre lang hatten Martin und Gracia bei New Tribes Mission gedient. Martin war Missionspilot und stellte so eine lebendige Verbindung für Missionare her, die auf den Philippinen arbeiteten.

Ihr Hochzeitstag wurde jäh unterbrochen, als sie zusammen mit anderen Zivilisten von einer Terrororganisation, die als Abu Sayyaf bekannt ist, gefangen genommen wurden. Dies ist eine islamische Organisation, die es sich zum Ziel gesetzt hat, die Philippinen - und schließlich die Welt einzunehmen. Diese Rebellen waren angeblich Teil von Osama Bin Ladens Netzwerk Al Kaida.

Sie töteten eine amerikanische Geisel, ließen andere frei und hielten die Burnhams zusammen mit Deborah Yap, einer Krankenschwester, gefangen. Die letzten 6 Monate waren nur noch die Burnhams und Miss Yap in Gefangenschaft.

Als sie erst einmal gefangen waren, führten sie ein Leben in ständiger Bewegung. Sie stapften durch den feuchten Dschungel, lebten von mageren Essensrationen und wurden gezwungen, der philippinischen Armee zu entkommen. Nach jedem Tag erschöpfender Reise wurde Martin an einen Baum gekettet, um eine Flucht zu vereiteln. Die Kette war tatsächlich unnötig. Die Kette seiner Liebe zu Gracia schloss jeden Gedanken an eine Flucht aus. Nur wenn sie beide in Sicherheit hätten entkommen können, wäre an eine Flucht zu denken gewesen.

Die Monate schleppten sich dahin. Die Missionare durchlebten ein ständiges Auf und Ab der Gefühle. An einem Tag waren sie zuversichtlich, dass ihre Freilassung bevorstand, am nächsten Tag wurden ihre Hoffnungen enttäuscht. 17 Mal kam es zu Schusswechseln zwischen den Rebellen und Regierungstruppen. Jedesmal stiegen ihre Hoffnungen und jedes Mal wurden sie wieder enttäuscht. Die Rebellen machten Versprechungen, die sie nie einhielten. Christen weltweit waren im Gebet mobilisiert. Sie hielten Kontakt zum Hauptquartier von »New Tribes Mission«, erpicht auf die neuesten Nachrichten. Einmal durften einige Journalisten die Terroristen und ihre Geiseln besuchen. Es war sonderbar. Wie konnten Journalisten Kontakt zu den Rebellen aufnehmen, während die Armee nicht in der Lage dazu war? Am Ende der Sendung versicherte der philippinische Präsident den Zuhörern, dass die Geiseln an diesem Wochenende freikommen würden. Dem war nicht so. Ein andermal gab es ein Gerücht, dass für die Burnhams ein Lösegeld bezahlt worden wäre. Sie wurden nicht freigelassen.

Die Mitglieder der Abu Sayyaf konnten nicht verstehen, wie die Burnhams ihre Gefangenschaft so unterwürfig akzeptieren konnten. Martin und Gracia schienen die terroristischen Taktiken der Moslems nicht zu fürchten. Die Rebellen wurden durch ihren festen Glauben an Jesus Christus mit Ehrfurcht erfüllt.

Gracia berichtete später von Martins christusähnlichem Charakter:

»Martin erbot sich immer großmütig, Gepäck für die Abu Sayyaf und die anderen Geiseln zu tragen. Jede Nacht dankte er dem Wächter, der ihn ankettete, und wünschte ihm eine gute Nacht. Während diesem Jahr des Terrors führte er ausgedehnte Diskussionen über die Forderungen Christi mit den Wachen und den Geiseln. Bei einer dieser Gelegenheiten hatte er ein äußerst ernstes Gespräch mit Abu Sabaya über das Gericht Gottes über die Sünde, und dass Gott eines Tages seine Sünde richten würde. Gracia berichtet, dass sie im Hintergrund war und Martin Zeichen gab, die Sache würde zu heiß werden, aber Martin fuhr sehr sanft fort, diesem Mann von der Wahrheit Christi zu erzählen.«

Nach einem Jahr und 11 Tagen Gefangenschaft hatte Martin eine Vorahnung, dass er sterben müsse. Und so geschah es auch. Hier der Bericht von der Website:

»Gott trug sie gnädig durch diese Zeit der Versuchung hindurch. Einmal, als sie von einem Tagesmarsch erschöpft waren, hängten sie ihre Hängematte auf, setzten sich hinein und begannen, miteinander zu reden. Martin sagte: ›Es war ein sehr hartes Jahr, aber es war auch ein sehr gutes Jahr.‹ Sie begannen, dem Herrn für alles nur Erdenkliche zu danken. Gracia sagte: ›Wir dankten dem Herrn für unsere Hängematte, unsere Stiefel‹ (Deborah ging die letzten 2 Monate barfuß). Sie dankten Gott für jeden Gläubigen, den sie irgendwann einmal getroffen hatten. Gott ermutigte sie mit dem Gedanken, dass dieser Mensch, dieses Ehepaar, diese Familie oder Gemeinde wahrscheinlich für sie betete.«

Zu dieser Zeit rief der Heilige Geist Martin einen Bibelvers ins Gedächtnis, den er schon von seiner Kindheit her kannte. Es war Psalm 100,2: *»Dient dem Herrn mit Freuden, kommt vor sein Angesicht mit Jubel.«*

Martin sagte: »Möglicherweise werden wir diesen Dschungel nicht lebendig verlassen, aber wenigstens können wir diese Welt verlassen, indem wir dem Herrn mit Freuden dienen. Wir können ihm genau hier, wo wir sind, mit Freuden dienen.«

Das Letzte, was sie vor Martins Tod taten, war, zusammen zu beten, Gott für seine Treue zu danken, um sich dann für ein Nickerchen hinzulegen.

Sie wurden durch einen Schusswechsel zwischen den Abu Sayyaf und einem philippinischem Überfallkommando aufgeweckt und Martin wurde im Verlauf dieses Schusswechsels in die Gegenwart seines liebenden Herrn geholt. Auch Debora Yap wurde getötet. Der Schusswechsel dauerte zwei Stunden.

In einem Augenblick war Martin auf Erden und

diente dem Herrn mit Freuden, im nächsten Augenblick trat er vor sein Angesicht mit Jubel.

Auch wenn Gracia in den rechten Schenkel geschossen wurde, blieb sie doch bewahrt, um schließlich zu ihren Kindern und anderen geliebten Freunden zurückzukehren, um die Geschichte ihres Mannes zu erzählen, der, wie sie sagte, »gut zu seinem Herrn heimging.«

Schlusswort

Wir haben gesehen, wie Gott durch sein Wort sprechen kann und spricht. Vergessen wir den leichtfertigen Gebrauch der Bibel, in dem es nur darum geht, bloße Neugier zu befriedigen, und vergessen wir den Versuch, einen Vers unserem Wunschdenken anzupassen. Es bleibt die Tatsache bestehen, dass der Herr sich oft herablässt, auf neue und unerwartete Weise zu ernsten, suchenden Seelen zu sprechen.

Wenn er das tut, ist seine Stimme für die betroffene Person klar vernehmbar, auch wenn andere vielleicht nicht den direkten Zusammenhang verstehen, weil sie eben den Hintergrund nicht kennen.

Der Vers mag ganz aus dem Zusammenhang gerissen sein. Er hat eine Bedeutung für die Zeit und die Umstände, in denen er ursprünglich geschrieben wurde. Aber er ist auch elastisch genug, um für denjenigen, dem er wichtig und groß wird, auf völlig andere Umstände zu passen.

Es mag sich um einen Vers handeln, von dem der Empfänger gar nicht wusste, dass er in der Bibel steht oder den er zuvor nie besonders beachtet hat. Aber plötzlich leuchtet er als persönliche Botschaft vom Herrn.

Erhält jeder Christ diese Botschaften vom Herrn? Viele sagen, dass dies bei ihnen nicht der Fall sei. Vielleicht spricht Gott anders zu ihnen. Sicherlich spricht Gott in der Bibel zu jedem Gläubigen, indem er einen allgemeinen Überblick über seinen Willen und seine Wege gibt.

Aber die Tatsache, dass der Herr manchmal genau den richtigen Bibelvers schenkt, um einem speziellen Bedürfnis zu begegnen, sollte eine gewaltige Ermutigung für uns sein, uns unter diesen Segen zu stellen.

Wir können dies tun, indem wir die Bibel regelmäßig und nicht sporadisch lesen. Indem wir die ganze Bibel und nicht nur Lieblingsteile lesen. Das Alte Testament genauso wie das Neue.

Wir tun es, indem wir den Herrn bitten, durch sein Wort zu uns zu reden. Seien wir begierig darauf, dass der Herr des Universums uns eine persönliche Botschaft schickt, eine Art geistliches Email.

Doch sehen wir zu, dass wir dem gehorchen, was auch immer er uns offenbart. Seine besondere Liebe gilt den gehorsamen Heiligen.

Anmerkungen

1 Entnommen aus *Journey's End, Uplook Magazine,* Dez. 1989, S. 426

2 Entnommen aus Elisabeth Elliot, *Im Schatten des Allmächtigen,* New York, Harper Bros. Herausgeber, 1958

3 Jim Fleming, Ed McCully, Nate Saint, Roger Youderian

4 *The Preacher, His Life and Work,* New York: Hodder&Stoughton, 1912, S. 9-10

5 Entnommen aus Dennis LeBlanc, »Lingering on the Brink«, in *Uplook Magazine,* Mar. 1999, S. 25

6 Später erkannte er, dass sich die Schau auf das zweite Kommen Christi bezieht, wenn er kommt, um über die Erde zu herrschen. In Hebräer 10,37, wo der Vers zitiert wird, wird aus dem »es« ein »er«. Es geht um den Herrn Jesus, der kommt, um seine Gemeinde zu entrücken.

7 Entnommen aus David Hunt, *On the Brink,* Plainfield, NJ: Logos International, 1972

8 Choice Gleanings Calendar, 19. Jan. 2001

9 Entnommen aus Tanaka Hor, *Mitten unter die Wölfe,* Verlag der Johannis Druckerei, 7630 Lahr/Schwarzwald 1993, S. 25-28

10 Entnommen aus *Our Daily Bread,* Grand Rapids, MI.: Radio Bible Class, 19. Dez.

11 Entnommen aus Colonel Jeff O'Leary, *Taking the High Ground*, Colorado Springs, CO.: Cook Communications Ministries, 2001, S. 126-6

12 Entnommen aus *Sehnsucht der Betrogenen*, Christl. Literatur Verbreitung, 1986

13 Ravi Zacharias, *Just Thinking*, Norcross, GA: RZIM, Frühsommer 2002

14 Zitiert nach der New Tribes Mission Webside